Deutschland von außen

Der andere Blick 50 Jahre danach

Für die Alexander von Humboldt-Stiftung
herausgegeben von
Kurt-Jürgen Maaß

Verlag Druckpartner Moser

1995

Gedruckt mit Unterstützung der
Fritz Thyssen Stiftung, Köln

Sämtliche Beiträge wurden — soweit nicht anders
vermerkt — im Januar-März 1995 für eine Serie der „Frankfurter
Rundschau" zum 8. Mai 1995 verfaßt.
Abdruck mit freundlicher Genehmigung der Redaktion
der „Frankfurter Rundschau".
Dr. Kurt-Jürgen Maaß ist Stellvertretender
Generalsekretär der Humboldt-Stiftung.

ISBN 3-00-000027-5

© 1995 bei Druckpartner Moser Druck + Verlag GmbH
Römerkanal 52, 53359 Rheinbach

Umschlaggestaltung:
Grafik Design Bock/Ferber, Bonn

Herstellung:
Druckpartner Moser Druck + Verlag GmbH
Römerkanal 52, 53359 Rheinbach

Gedruckt auf chlorfrei gebleichtem Papier.

Die Deutsche Bibliothek – CIP-Einheitsaufnahme
Deutschland von außen — Der andere Blick 50 Jahre danach
Hrsg. von Kurt-Jürgen Maaß
Rheinbach: Druckpartner Moser Druck + Verlag GmbH, 1995
ISBN 3-00-000027-5
NE: Maaß, Kurt-Jürgen [Hrsg.]

Inhalt

Vorwort

Die Alexander von Humboldt-Stiftung, ein halbes Jahr nach dem Tod von Alexander von Humboldt im Jahre 1860 von Freunden gegründet und unter anderem von der Preußischen Akademie, der Petersburger Akademie und der Royal Society unterstützt, hatte ursprünglich das Ziel, im Geiste Alexander von Humboldts Auslandsreisen deutscher Wissenschaftler zu fördern.

Nach dem Ersten Weltkrieg war Deutschland international wissenschaftlich stark isoliert. Die 1925 nach dem Verlust ihres gesamten Vermögens durch die Inflation neugegründete Alexander von Humboldt-Stiftung hatte daher eine neue Zielsetzung: die internationale Zusammenarbeit in der Wissenschaft dadurch zu fördern, daß ausländischen Wissenschaftlern die Gelegenheit gegeben wurde, in Deutschland wissenschaftlich zu arbeiten. Dabei sollten sie zugleich die Möglichkeit haben, das Nachkriegsdeutschland — die Weimarer Republik — kennenzulernen.

Nach dem Ende des Zweiten Weltkriegs war der Zusammenbruch in Deutschland total. Gleichwohl waren unmittelbar nach Kriegsende Wissenschaftler aus zahlreichen Ländern, vor allem aus den USA, Großbritannien und Frankreich, bereit, deutschen Wissenschaftlern zu helfen. 1953 wurde die Alexander von Humboldt-Stiftung erneut gegründet, wiederum mit dem Ziel, jungen ausländischen Wissenschaftlern die Gelegenheit zu geben, in Deutschland wissenschaftlich zu arbeiten. So konnten sie gleichzeitig das neue Deutschland kennenlernen.

Seit 1953 sind mehr als 16000 Humboldtianer für einen längeren Zeitraum in Deutschland gewesen. Sie haben hier wissenschaftlich an Universitäten und Forschungsinstituten gearbeitet. Die meisten führen die begonnenen wissenschaftlichen Kontakte auch weiterhin fort.

Rund fünfundsiebzig Prozent der Humboldtianer waren in den Bereichen der Naturwissenschaften, Medizin und Ingenieurwissenschaften tätig. Fünfundzwanzig Prozent waren Geistes- und Sozialwissenschaftler. Gerade sie haben ihre Umgebung in Deutschland, die Entwicklung, die sich hier vollzogen hat, intensiv beobachtet. Ihre Einsichten und Einschätzungen von außen — fünfzig Jahre danach — kommen in der folgenden Auswahl zu Wort.

Für mich war das erste Lesen dieser Berichte eine bewegende Erfahrung, weil mich die hierin erkennbaren Deutschlandbilder an meine eigene Situation nach 1945 erinnerten. Ich habe das Kriegsende damals in amerikanischer Kriegsgefangenschaft in Texas erlebt. Dort konnte ich mit dem Studium des Maschinenbaus, der Physik und der Mathematik beginnen. Erst ein Jahr nach Kriegsende konnte ich nach Deutschland zurückkehren, um mein Studium an der Universität Frankfurt fortzusetzen. Auch ich hatte damals die Chance, Deutschland im Augenblick der Heimkehr gleichsam von außen zu sehen: ein Blick, der für mich erhellend und lehrreich war.

In diesem Sammelband halten uns einige Humboldtianer einen Spiegel vor, der uns gleichermaßen den Blick zurück wie auch nach vorn ermöglicht. Er ist kritisch und konstruktiv zugleich und eröffnet uns eine Auseinandersetzung mit dem 50. Jahrestag des Kriegsendes, wie sie „nur" aus deutscher Sicht nicht möglich wäre. Ich möchte allen Autoren danken, die so spontan bereit waren, sich an dieser Sammlung zu beteiligen.

Professor Dr. Reimar Lüst
Präsident der Alexander von Humboldt-Stiftung

Die schizophrene Nation

von Neville Alexander

Zwei Seelen wohnen, ach! in meiner Brust,
Die eine will sich von der anderen trennen;
Die eine hält in derber Liebeslust,
Sich an die Welt, mit klammernden Organen;
Die andere hebt gewaltsam sich vom Dust
Zu den Gefilden hoher Ahnen.

Beim Nachdenken über mein Verhältnis zu Deutschland und „den Deutschen" kommt mir unwillkürlich dieser Goethevers ins Bewußtsein. Denn meine Beziehungen zu Deutschland sind schon immer von einer tiefgehenden Ambivalenz geprägt worden.

Schon als junger „Anselmus" aus Südafrika, der sich in Tübingen immer strebend bemühte, sich und die Welt zu verbessern, wenn möglich sogar zu vervollkommnen, war mir klar, daß Deutschland wie seine großen Berge sowohl von luftreinen Spitzen des menschlichen Könnens als auch von zerfressenden Schattenseiten und Tälern der Grausamkeit gekennzeichnet wird. Als Student und Liebhaber der deutschen Literatur habe ich unmittelbar erfahren können, wie die Labyrinthe des Geistes und die Wechselwirkung der affektiven Dimensionen des Menschen von deutschen Künstlern mittels der deutschen Schriftsprache seit bald anderthalbtausend Jahren erprobt worden sind. Durch diese Lektüre und durch dieses Studium, wobei mir meine oft sehr konservativen, aber nichtsdestoweniger beliebten Deutschlehrer — ich denke vor allem an Karl Tober in Kapstadt und Friedrich Beißner in Tübingen — den Weg erleichterten, habe ich ganze Äonen von Erfahrungen und Verfeinerungen des Gefühls und des Gespürs überhaupt mir zu eigen gemacht. Das Maß des Kolonisiertwerdens — im besten Sinne des Wortes — kann man daraus ersehen, daß ich in der Regel, wenn ich etwas mit einer literarischen Anspielung verdeutlichen oder zieren möchte, auf irgendein Wort oder einen Vers von irgendeinem deutschen Dichter oder Denker, und zwar von Neidhart von Reuenthal bis zum armen BB und Walter Jens reichend, spontan zurückgreife.

Ein Großteil dessen, was man meine Hochkultur nennen könnte, ist also von Deutschland geprägt worden. Durch ein Netz von deutschen Freunden, Kollegen und Bekannten, Männern, Frauen und Kindern, ist für mich Deutschland synonym mit Versicherung und Unterstützung. Wenn immer ich im Leben gefallen bin, wie z.B. während der politischen Haft auf der Robbeninsel bei Kapstadt, bot dieses Netz, von dem einer der stärksten Stränge die Alexander von Humboldt-Stiftung ist, einen sicheren Landungsplatz. Die Menschlichkeit aller dieser Menschen, ihre Hilfsbereitschaft und Zivilcourage, ihr *ubuntu*, wie wir in den Ngunisprachen sagen würden, waren mir ein Beweis dafür, daß mein Verständnis bzw. mein Erlebnis der deutschen Kultur nicht trügte. Wie ich schon mal bezeugt habe: Deutschland wurde mir zur zweiten Heimat, und in Tübingen verbrachte ich am Ende der 50er Jahre die vielleicht schönste Zeit meines erwachsenen Lebens.

Deutschland hat selbstverständlich auch die intellektuelle sowie die ethische Dimension meines Lebens tiefgreifend beeinflußt. Durch das Studium der Germanistik habe ich die deutschen Mystiker des Mittelalters sowie die Philosophen der Aufklärung und der Romantik im Original lesen können. Ich habe sie im historischen Zusammenhang und oft — in Tübingen, Heidelberg, Frankfurt am Main und anderswo — in ihrem lokal-alltäglichen Milieu im Diltheyischen Sinne verstehen können. Mein Hang zum Prinzipiellen und zum Strategischen wurde durch diese Begegnungen gestärkt. Obwohl es heute den meisten Lesern dieser Zeilen etwas fremd klingen mag, bleibt es Tatsache, daß die bedeutendste dieser Begegnungen diejenige mit dem Carolus Maximus war. Kein anderer deutscher Denker hat einen so profunden Einfluß auf mein Leben ausgeübt wie Karl Marx. Das war ohne Zweifel in erster Linie das Resultat meiner südafrikanischen Herkunft. Südafrika war ja in der Apartheidära geradezu ein Modellfall der marxistischen Gesellschaftsanalyse, und im Spiegel der großartigen historischen Werke Marxens wurde mir deutlich, wie und was ich daheim zu tun hatte. Diese Einsicht in die Notwendigkeit führte direkt ins Gefängnis auf der Robbeninsel. Daran hatte allerdings nicht Karl Marx, sondern meine eigene Anselmusnatur schuld.

Wie dem auch sei, in Deutschland wurde ich zum überzeugten Sozialisten, studierte eifrig neben meinen germanistischen Studien die wichtigsten Texte deutschen bzw. europäischen Ursprungs, die mir halfen, den Frevel der Apartheid und der Rassendiskriminierung zu erklären und auf deren Beseitigung hinzuarbeiten, damit wir die Welt im Zeichen der Gerechtigkeit neu aufbauen könnten. Durch mein ethisch-politisches Engagement kamen mir auch die ersten Zweifel an der Echtheit der bundesrepublikanischen Demokratie. Daß ich mich hier während meiner Tübinger Tage trotz drohender Notstandsgesetzgebung und Berufsverbote in einer bürgerlichen Demokratie befand, war mir ganz klar, und ich wußte auch das zu loben. Andererseits aber war dieser Staat des Wirtschaftswunders mitbeteiligt an den brutalen Repressalien der französischen Kolonialmacht in Algerien, indem er auf dem Wege verschiedener allzu durchsichtiger Mechanismen aus Gründen der Staatsräson die repressive Kapazität des französischen Staates stärkte. Schon damals im Jahre 1960 habe ich es auf mich genommen, gegen solche Heuchelei zu protestieren, was mir bei den hiesigen Behörden schwarze Noten besorgte.

Noch war ich aber nicht ernüchtert. Mir schien, als wäre Deutschland in zwei kategorisch entgegengesetzte und in sich widersprüchliche Nationen gespalten. Ein schizophrenes Volk also, das einerseits die Höhen des menschlichen Geistes und des demokratischen Ethos verwirklichen konnte, andererseits aber die Tiefen des brutalen Verhaltens mit modernisierender Gleichgültigkeit genauso zu realisieren im Stande war. Das wurde mir während der 70er und 80er Jahre noch deutlicher, als wir von der südafrikanischen Befreiungsbewegung unter Mitarbeit der Anti-Apartheid-Bewegung die Mitschuld deutscher Firmen am System der Apartheid nachweisen konnten (Herstellung von militärischen Fahrzeugen für die in Angola und anderswo in Afrika randalierende südafrikanische Armee, Mitarbeit am nuklearen Programm bzw. der Atombombe des Apartheidregimes, usw.). Das sind selbstverständlich keine einfachen Fragen. Letzten Endes aber bezeugt solches Benehmen eine mangelnde demokratisch-humanistische Kultur, wenn auch die gesellschaftlichen Widersprüche als Entlastungsmoment herangezogen werden. Es fragt sich ganz einfach, ob man erst in einem dritten Weltkrieg besiegt werden muß, um zur Besinnung zu kommen. Heute kämpfen wir in Südafrika gegen die Rüstungsindustrie als solche trotz der wirtschaftlichen Argumentationen, die vom Generalstab sowie von der demokratisch gewählten Regierung der nationalen Einheit für den weiteren Ausbau dieser Industriebranche angeführt werden. Wir glauben nämlich, daß nur ein waffenfreies Afrika ein sicheres Afrika sein kann. Wer sich über die jetzige Misere unseres Kontinents Gedanken macht, kann zu keiner anderen Schlußfolgerung gelangen. Da muß man ganz einfach sich entscheiden, wie einst Martin Luther es mußte. Alles andere ist leeres Gerede und üble Heuchelei.

Wieder beunruhigt die Welt das Gespenst des Fremdenhasses und in erster Linie der rassistischen Ausschreitungen auf deutschen Straßen und in deutschen Dörfern. So finde ich mich gezwungen, die Frage zu stellen, ob es stimmt, wie Alisa Fuchs, die Präsidentin der internationalen Liga für Menschenrechte e.V., behauptet, daß

Diskriminierung und Ablehnung von Einwanderern und Flüchtlingen ... immer in deutschen Köpfen (schwelgen). Der Unterschied ist, daß Rassismen heute offen artikuliert werden können, „offen die Sau rausgelassen werden kann", ohne hierdurch in gesellschaftliches Außenseitertum zu geraten. Die Scham ist vorbei.

(„Rassismus in Deutschland und was dagegen getan werden könnte".
Berliner Hochschulmagazin 4/92)

Es bleibt bezeichnend, daß Deutschland noch immer eine der wenigen westlichen Demokratien ist, wo die Staatsbürgerschaft auf Grund der *ius sanguinis* und nicht des *ius solis* bestimmt wird. In einer Welt, wo Migration geradezu zur Überlebensbedingung für Millionen von Menschen geworden ist, führt diese Haltung per definitionem zu einer Wagenburgmentalität mit all den Folgen, die, wie vorhin gesagt, ordentliche Menschen bangen lassen. Nicht nur werden die sich häufenden Freveltaten der Skins und anderer neonazistischer Rowdies zur Alltagsnormalität in Deutschland, darüber hinaus führt der de facto Krieg der staatlichen Behörden gegen die „Eindringlinge" aus der „dritten" Welt zur Untergrabung der bundesrepublikanischen Demokratie selber. Es darf sich der Eindruck, daß Menschen „anderer" Herkunft als zweitrangig in der Bundesrepublik Deutschland gelten, nicht weiter im Bewußtsein der Freunde Deutschlands verfestigen. In diesen Tagen, wo die Greueltaten der Nazis in Auschwitz in Erinnerung gerufen werden, müßte man den Mut aufbringen können, vor allem auf der ideologischen Ebene alle Differenzierung auf Grund von „Rasse" und Herkunft von Menschen, die sich aus welchen Gründen auch immer in Deutschland befinden, prinzipiell und öffentlich zu verurteilen.

Das ist für mich als südafrikanischen Staatsbürger, wohlgemerkt nicht einfach als Südafrikaner, sondern als wahlberechtigten Bürger des „neuen Südafrikas", äußerst wichtig. Denn in unserem Lande durchlaufen wir z.Z. ähnlich, z. T. parallele, z. T. genau entgegengesetzte historische Transformationen wie die Deutschen nach dem Mauerfall. Auch dort soll ein Volk bzw. die Bevölkerung des Landes die nationale Einheit in einem Einheitsstaat erlangen; auch dort soll dies auf dem Wege der (bürgerlichen) Demokratie geschehen und vor allem indem wir sämtliche Unterdrückungsmechanismen wie rassische Vorurteile, sprach- und geschlechtsbedingte Schranken abbauen. Genau wie in dem sich wiedervereinigenden Deutschland müssen wir versuchen, vom Totalitarismus in eine neue demokratische Ordnung die eigentlichen Werte des menschlichen Lebens für uns wiederzugewinnen. Während dies für die meisten deutschen politischen Führer eindeutig in der sozialen Marktwirtschaft und in dem Mehrparteiensystem gewährleistet ist, sind wir in Südafrika noch auf der Suche nach der Bejahung. Wir wissen ganz genau, was wir *nicht* wollen, etwa einen totalitären Staat stalinistischer Prägung („unsere" Kommunisten haben sich mittlerweile zu rosafarbigen Sozialdemokraten, nicht mal zu Eurokommunisten, verwandelt), oder etwa eine 50%-Gesellschaft, in der die Hälfte der Bevölkerung am Rande von Wirtschaft und Gesellschaft verkümmert, weil sie buchstäblich für die Zirkulation und die Expansion des Kapitals überflüssig ist. Wir wissen auch und vor allem, daß wir in einem Staat leben wollen, wo die Hautfarbe eines Menschen bzw. seine Sprache, seine Religion oder sein Geschlecht nicht automatisch seinen Status in der Gesellschaft und seine Lebenschancen bestimmt.

Können wir von der deutschen Praxis lernen? Ich bin trotz aller Bedenken, die bei mir während der letzten 15 Jahre entstanden sind, überzeugt, daß wir von der einen Hälfte dieser schizophrenen Nation vieles lernen können. Schon habe ich z.B. auf der Ebene der Pädagogik von vielen verschiedenen Vorbildern und Theoretikern in Deutschland wertvolle Hinweise ins „Südafrikanische" übersetzt und mit geeigneten Anpassungen in die sehr wichtige und sehr ernsthaft geführte Debatte über die Bildungsreform im neuen Südafrika einführen können. Es gibt viele andere Bereiche, wo wir auf ähnliche Weise von den Errungenschaften der deutschen Gesellschaft viel Positives lernen können und sollen. Im bilateralen Dialog zwischen Ebenbürtigen, nicht nur Regierungsinstanzen, soll diese interkulturelle Interaktion gefördert werden. Dazu hat sowohl Deutschland als auch Südafrika die geeigneten Strukturen. Ihnen soll nichts in den Weg gesetzt werden, damit tatsächlich ein freies Fließen von Ideen, Menschen und Gütern über die beiden Grenzen stattfinden könne.

Deutschland kann sich ruhig das Vorbild Südafrika ansehen. Trotz offenkundiger historischer Unterschiede und Bedingtheiten glaube ich, daß die Entschlossenheit der politischen, kulturellen und intellektuellen Führung Südafrikas in Fragen des Antirassismus für Deutschland eine wichtige Botschaft enthält. Es müßte auch in der BRD jeglichem rassistischen Vorfall sofort mit massiver Publizität und mit Protestaktionen begegnet werden, die kommunalen, Länder- und Bundesregierungen sollten massiv in antirassistische Erziehungsprojekte und Informationskampagnen investieren, damit Vorurteilen und Ignoranz allmählich die Grundlage entzogen und somit die Wirksamkeit der Haßfabriken reduziert bzw. ganz marginalisiert werden könnte. Das wäre eine soziale Investition, die sich nach Generationen, wenn nicht früher, in höchstem Maße lohnen wird. Dann werden alle sich in Deutschland befindenden Personen wieder einmal ohne jegliche Einschränkung ganz einfach sagen können:

Hier bin ich Mensch, hier darf ich's sein!

Ob ich mir anmaßen darf, den Deutschen Ratschläge zu geben? Ich glaube schon, denn wenn mir gestattet wird, ein Wort Napoleons etwas abgeändert zu zitieren: Nur der darf Ratschläge geben, der es gelernt hat, Ratschläge anzunehmen.

Größe und Toleranz
dürfen kein Widerspruch sein

von Khadidiatou Fall

Die Karte der Menschheit ist an Völkerkunde ungemein erweitert; wieviel mehr Völker kennen wir als Griechen und Römer! Wie kennen wir sie aber? Von außen, durch Fratzenkupferstiche und fremde Nachrichten, die den Kupferstichen gleichen, oder von innen durch ihr eigene Seele, aus Empfindung, Rede und Tat? So sollte es sein und ist's wenig.

J. G. Herder: Auszug aus einem Briefwechsel über Ossian und die Lieder alter Völker

Innerhalb einer klassisch gewordenen Philosophie gilt es bei der Einschätzung der allgemeinen Eigenschaften des Menschen vier Hauptwerte — das Gute, das Schöne, die Liebe und das Wahre — zu unterscheiden, wobei man sie auf vier gründliche Kategorien des Geistes — das Sittliche, das Ästhetische, das Religiöse und das Wirtschaftliche — zu beziehen pflegt. Diese verschiedenen Werte werden oft nach Rangordnungen eingeteilt, und es wird oft keine Rücksicht darauf genommen, daß jeder von ihnen eine Eigenschaft *sui generis* hat und als der jeweilig vorwiegende Wert unterschiedlicher Zivilisationen und Gesellschaften betrachtet werden sollte. Das bedeutet nicht, daß in einer Kultur, in der zum Beispiel die moralischen Werte vorwiegen, die anderen Werte wie das Wahre, die Liebe und das Schöne völlig abwesend sind.

In Deutschland wie in den meisten Industrieländern der Welt, in denen das Wahre, das den exakten Wissenschaften entspricht, als der allgemein vorwiegende Wert gilt, hat die gewählte Entwicklungsform zu Ergebnissen geführt, die bestimmte Bemühungen ausdrücken, welche sich auf die positiven Wissenschaften stützen. Dabei wird die Richtung der schon erzeugten Werte weiterverfolgt, und man neigt oft dazu, diese Werte als die wichtigsten in der Welt zu betrachten. Individuelle und kollektive Vernachlässigung anderer Werte zugunsten der Entwicklung der positiven Wissenschaften hat daher dazu beigetragen, daß man den Menschen, die in ihren Gesellschaften und Kulturen andere Werte und Denkweisen entwickelt haben, mit Geringschätzung und manchmal mit Verachtung begegnet. In dieser Hinsicht interessiert man sich kaum dafür, daß auch jene entwickelten Werte zur Entfaltung des Menschen führen können.

Eine radikale Art und Weise für den Menschen, zu seiner eigenen kulturellen und spirituellen Verarmung beizutragen, besteht darin, jede Denkweise und jeden sozio-kulturellen Ausdruck als etwas Schlechtes zu verwerfen, nur weil sie mit seiner eigenen Art und Weise, sich die Welt vorzustellen, in Widerspruch stehen. Umgekehrt ist eines der besten Mittel, eine Art spirituellen und sozio-kulturellen Selbstmord zu begehen, jede kulturelle Neuigkeit auf eine passive Weise anzunehmen und gleichzeitig die Werte zu leugnen, auf die sich seine eigene Welt gebaut hat.

Die Lektüre von Herders Werk und eines Teils von Goethes literarischer Produktion kann jeden Leser darauf aufmerksam machen, daß Größe und Toleranz menschliche Eigenschaften sind, die sich nicht unbedingt ausschließen. Johann Gottfried Herders Überlegungen über die Entfaltung des Menschen zur Zeit der Aufklärung kann heute noch von allen Völkern der Welt übernommen werden, auch wenn sich der Autor der „Stimmen der Völker in Liedern" vor allem an seine deutschen Mitbürger richtete, als er seine Aufsätze verfaßte. Daß sich besonders Afrikaner von Herders Überlegungen über eine aufgeklärte Menschheit betroffen fühlen und dafür interessieren, hängt zum Teil damit zusammen, daß auch der deutsche Dichter Situationen miterlebt hatte, in denen Menschengruppen und Völker unterdrückt wurden.

Bereits in Mohrungen, einer Kleinstadt im heutigen Polen, wo Johann Gottfried Herder zur Welt kam und seine ersten Jugendjahre verbrachte, und dann in Riga, dem, wie man heute vielleicht sagen würde, multikulturellen Ort, wo er sich zwischen seinem 20. und seinem 25. Lebensjahr aufhielt, erlebte Johann Gottfried Herder, was ihn später zum Verteidiger einer mündlich überlieferten Volkspoesie machte. Politische, ökonomische, kulturelle und religiöse Unterdrückung hatte aus den alteingesessenen Völkern von Mohrungen und Riga so etwas wie Ausländer in ihrer eigenen Heimat gemacht. In Herders Essay „Über die neuere deutsche Literatur. Fragmente" heißt es: „Kein größerer Schade kann einer Nation zugefügt werden, als wenn man ihr den Nationalcharakter, die Eigenheit ihres Geistes und ihrer Sprache raubt."[1]

Mit dieser Äußerung kann belegt werden, daß Herder nicht bereit war, andere Völker der Welt zu verurteilen und sie aufgrund ihrer als gering betrachteten Leistungen im kulturellen und wirtschaftlichen Bereich als unfä-

---

[1] Johann Gottfried Herder: Über die neuere deutsche Literatur. Fragmente. In: Herders Werke in 5 Bänden. Berlin/Weimar 1978. S. 34

hig und minderwertig zu bezeichnen. Auch wenn Herder kein Referat über mögliche Unterdrückungsformen der Menschen wie Sklaventum und Kolonisierung geschrieben hat, nahm er Rücksicht auf organisierte Herrschaftssysteme, die den Menschen dazu dienten, jede Entfaltung von anderen Menschengruppen oder Nationen im Zaum halten.

In einer anderen Hinsicht kann Johann Wolfgang Goethe als ein Gelehrter betrachtet werden, dessen verständnisvolle Stellungnahme anderen Völkern und Religionen gegenüber ein Beweis für seine menschliche Größe ist, auch wenn er in seiner Kindheit und Jugend kein ähnliches Erlebnis wie Herder gehabt hat. Was vor allem Goethes Verhältnis zur islamischen Religion angeht, kann man sich auf das Werk Katharina Mommsens beziehen, die sich seit mehr als zwei Jahrzehnten mit Goethes „Westöstlichem Divan" und des Dichters Verhältnis zum Islam auseinandergesetzt hat. [2]

Daß Goethe mit Toleranz und Verständnis mit anderen Völkern und Religionen umging und seine Einstellung zu besonderen religiösen Fragen schriftlich festgehalten hat, bezieht Katharina Mommsen nicht nur auf die frühen freundschaftlichen Beziehungen des Dichters zu Johann Gottfried Herder. In einem Essay über *Goethe und Islam*, den sie anläßlich des 150. Todestags von Goethe verfaßte, heißt es: „Wenn wir nach den Motiven fragen, die Goethe veranlaßten, sich so intensiv mit dem Islam zu beschäftigen, so ist zunächst daran zu erinnern, daß es der protestantische Theologe Herder war, der

---

[2] Vgl. Katharina Mommsen: Die Bedeutung des Korans für Goethe (vom *Götz* bis zum *Buch des Paradieses*). In: Goethe und die Tradition. Hg. v. Hans Reiss. Ffm. 1972. S. 136–162. Vgl. auch K. Mommsen: Goethe und die arabische Welt. Ffm. 1988

dem Straßburger Studenten Goethe im Winter 1770/1771 das Studium des Korans nahelegte. [...] Im Sinne der aufklärerischen Toleranz lernte auch der junge Goethe zunächst den *Koran* und seine Bedeutung schätzen. Hier lag ein greifbares Beispiel dafür vor, daß neben der Bibel noch andere Schriften existierten, die großen Teilen der Menschheit als heilig galten und daher auch von Andersgläubigen vorurteilsfreien Respekt verdienten. [...] Die Hochachtung vor dem *Koran* als sprachlichem Monument in Verbindung mit Goethes grundsätzlicher Haltung aufklärerischer Toleranz wäre nicht hinreichend, um seine Affinität zum Islam zu erklären. Ein wirklich positives Verhältnis zum Islam gewann Goethe dadurch, daß ihm gewisse Hauptlehren als übereinstimmend mit seinem eigenen Glauben und Denken erschienen. Das erweckte in ihm eine sehr tief begründete Sympathie..."[3]

Nicht alle einflußreichen europäischen Gelehrten haben jedoch der Versuchung widerstehen können, vernichtende Urteile über Völker auszudrücken, deren religiöse und kulturelle Eigentümlichkeiten ihnen unverständlich waren. Meistens haben sie diese Völker auch nur von außen kennengelernt. Die verschiedenen Reiseberichte, auf die sich Denker wie Immanuel Kant, Voltaire, Friedrich Wilhelm Hegel und andere Dichter und Philosophen des 18. Jahrhunderts gestützt haben, um ihre verhängnisvollen, oft zu trauriger Berühmtheit gelangten Sentenzen über die Neger auszudrücken, wurden vor allem von Europäern geschrieben, die zwar gereist waren und andere Völker beobachtet hatten, die aber die kulturellen Hintergründe vieler Verhaltensweisen nicht verstehen konnten,

---

[3] Katharina Mommsen: Im Islam leben und sterben wir alle — Goethes Verhältnis zur muslimischen Religion und ihrem Propheten Muhammad. In: Mitteilungen. März 1982. S. 13–22. Zitat, S. 13f.

weil sie die Sprachen der sogenannten „wilden Völker" nicht kannten und auch nicht bereit waren, sie zu lernen.

In seinen „Beobachtungen über das Gefühl des Schönen und des Erhabenen" schreibt zum Beispiel Immanuel Kant über die Afrikaner: „Die Neger von Afrika haben von der Natur kein Gefühl, welches über das Läppische stiege. Herr Hume fordert jedermann auf, ein einziges Beispiel anzuführen, da ein Neger Talente gewiesen habe, und behauptet: daß von den Hunderttausenden Schwarzen, die aus ihren Ländern anderwärts verführt werden, obgleich deren sehr viele auch in Freiheit gesetzt werden, dennoch nicht ein einziger jemals gefunden, der entweder in Kunst oder in Wissenschaft oder irgendeiner andern rühmlichen Eigenschaft etwas Großes vorgestellt habe, obgleich unter den Weißen sich beständig welche aus den niedrigsten Pöbel emporschwingen, und dadurch vorzügliche Gaben in der Welt ein Ansehen erwerben. So wesentlich ist der Unterschied zwischen diesen zwei Menschengeschlechtern, und er scheint ebenso groß in Ansehung der Gemütsfähigkeiten, als der Farbe nach zu sein. Die unter ihnen weit ausgebreitete Religion der Fetische ist vielleicht so eine Art Götzendienst, welcher so tief ins Läppische sinkt, als es nur immer von der Menschlichen Natur möglich zu sein scheinet. Eine Vogelfeder, ein Kuhhorn, eine Muschel, oder jede andere gemeine Sache, so bald sie durch ein paar Worte eingeweiht worden, ist ein Gegenstand der Verehrung und der Anrufung von Eidschwüren. Die Schwarzen sind sehr eitel, auf Negerart, und so plauderhaft, daß sie mit Prügeln müssen auseinandergejagt werden." [4]

---

[4] Immanuel Kant: Beobachtungen über das Gefühl des Schönen und des Erhabenen. In: Sämtliche Werke. Band 2. Frankfurt/M.: 1986. S. 880

Soweit der Aufklärer Immanuel Kant im Jahre 1764. Zehn Jahre früher hatte Voltaire in seinem „wissenschaftlichen" „Essai sur les moeurs et l'esprit des nations" den afrikanischen Menschen als „affenähnliches, schwarzes Tier mit Wollhaar auf dem Kopf", als „dumm und unfähig zu gesellschaftlicher Organisation", als „instinkt- und nicht vernunftgeleitet", und daher „nicht entwicklungsfähig"[5] bezeichnet. Diese Überlegungen über die Neger von Afrika, die von Immanuel Kant und Voltaire, zwei wichtigen Vertretern der Aufklärung und des „siècle des lumières" geäußert wurden, bedürfen keines Kommentars. Wenn jedoch solche Betrachtungen als wissenschaftlich erklärt werden, darf man sich die Frage stellen: Was ist eigentlich Wissenschaft, und was bedeuten ‚Aufklärung' und ‚Siècle des lumières' in einem gewissen europäischen Denken?

Man braucht nicht die Liste der berühmt-berüchtigten Äußerungen europäischer Gelehrter zu verlängern, um sich davon zu überzeugen, daß der Bezug auf die positiven Wissenschaften im 18. und 19. Jahrhundert manchmal zu einer als wissenschaftlich geltenden Rechtfertigung von Katastrophen wie Sklavenhandel und Kolonisierung geführt hat. Obschon europäische Theoretiker und Denker in bezug auf darwinistische Theorien diese beiden Katastrophen ideologisch begründen wollten, sind es heute vor allem die Europäer selbst, die psychologisch darunter leiden: Europa ist immer noch mit der Grundfrage konfrontiert, sich mit den Völkern versöhnen zu müssen, deren Kulturen es zerstört hat. Zudem haben diese Äußerungen dazu beigetragen, daß viele Europäer unfähig sind, objektive Urteile über Afrikaner zu fällen.

---

[5] Voltaire: Essai sur les moeurs et l'esprit des nations. Paris 1754

Daß sich die Afrikaner selbst von den feindlichen Behauptungen Kants, Voltaires und anderer Aufklärer nicht betroffen fühlen, läßt sich durch mehrere Gründe erklären, unter denen der unmittelbarste davon ist, daß mehr als 90 % der Afrikaner keine Kenntnis von den europäischen Sprachen haben, in denen die berühmten Texte geschrieben wurden. Hätte man jedoch diese Texte in die verbreitetsten afrikanischen Sprachen übersetzt und sie den Afrikanern vorgelesen, so hätten sie für die Afrikaner nur als Dummheiten gegolten, die auch ein zehnjähriges Kind nicht gewagt hätte, über Menschen auszudrücken, die es nicht kennt. Diese Tatsache hängt damit zusammen, daß in der oralen Tradition Sprüche, Sentenzen und Behauptungen, die Anspruch auf Berühmtheit erheben, nur unter besonderen Umständen als annehmbar betrachtet werden dürfen.

Wenn man sich auf die Art und Weise, in der die meisten Afrikaner ihre Sozialisierung in Gesellschaften oraler Tradition erlebt haben, bezieht, können auch die seltenen Afrikaner, die diese Texte lesen und verstehen können, nur gleichgültig sein ihrem vernichtenden Sinn gegenüber. Aufgrund eines verbreiteten afrikanischen sozio-kulturellen und sozio-religiösen Glaubens, der nicht nur durch die Sozialisierung in der oralen Tradition sondern auch innerhalb der semantischen Struktur vieler afrikanischer Sprachen wiederzufinden ist, werden Äußerungen, die von der volkstümlichen Weisheit nicht geprüft werden, von der Gemeinschaft mit Skepsis oder als unwichtig betrachtet. In afrikanischen Gesellschaften von oraler Tradition kann in Wirklichkeit niemand als Gelehrter akzeptiert werden, solange er unbegründete Äußerungen über sich selbst, über andere Menschen und über Situationen, in die Menschen verwickelt sind, fallen läßt.

Als Gelehrte können in vielen afrikanischen Gesellschaften nur diejenigen gelten, die nichts dagegen haben, daß die Ergebnisse ihrer Überlegungen zuerst der prüfenden Meinung der Mehrheit unterzogen werden. Die geprüften Überlegungen können dann leicht zu Sprichwörtern und Sentenzen werden. Der Prozeß, in dem die meisten als Ausdruck der populären Weisheit geltenden Sprichwörter entstehen, wird allen Mitgliedern der Gesellschaft bekannt. Das Sprichwort, die weise Sentenz oder die philosophische Überlegung müssen zuerst im kollektiven Bewußtsein des Volkes geprüft werden. Eine Behauptung darf nicht als allgemeingültig betrachtet werden, solange sie die volkstümliche Prüfung nicht bestanden hat. Die Aufmerksamkeit der Gemeinschaft wird beständig auf die verschiedenen Begebenheiten gelenkt, damit die Richtigkeit jeder Behauptung, die Anspruch auf Unsterblichkeit erhebt, gründlich untersucht werden kann. Deswegen vielleicht gelten die Afrikaner nach Kants Äußerung als besonders „plauderhaft".

Dagegen gilt im modernen Europa alles, was zum Volk gehört, als „volkstümlich" und „populär", im Sinne von niedrig und oberflächlich, denn das Volk wird eher als unwissend betrachtet. Da soll sich das Volk im Gegensatz zum aufgeklärten Gelehrten, der sich in seinem Turm einschließt, mit grundlosen und unhaltbaren Meinungen begnügen. Was in Afrika heute noch als Weisheit des Volks gilt, kann demzufolge der rationalistisch aufgeklärten Wissenschaft des europäischen Gelehrten gegenübergestellt werden. Es ist etwas wie eine Gegenüberstellung der „Universität" und der „Straße". Da man in Afrika ohne Volkstümlichkeit nicht zur Unsterblichkeit gelangen kann, hat bei den Afrikanern der Gegensatz zwischen populärer Weisheit und Philosophie keinen Sinn.

Die Rolle des Volks als Überprüfer jeder über Menschen ausgedrückten Äußerung, die Anspruch auf Wahrheit und Gerechtigkeit erhebt, läßt sich durch den afrikanischen Glauben erklären, daß der Mensch innerhalb der göttlichen Geschöpfe als das privilegierteste Wesen auftritt. Wie Dominique Zahan in seinem Buch „Religion, spiritualité et pensée africaine" schreibt, vertreten die Wolof wie viele Afrikaner die Ansicht, daß die zentrale und wichtigste Position aller göttlichen Wesen dem Menschen eingeräumt wird.[6] *„Nift nitay garabam"* / „Der Mensch ist die beste Hilfe des Menschen" sagen zum Beispiel die Wolof, eine afrikanische Ethnie, die in Senegal und in Gambia lebt und deren Sprache, die Wolof-Sprache, von mehr als 90 % der Bevölkerung Senegals gesprochen wird. Für sie wie für viele Afrikaner steht der Mensch im Zentrum jedes menschlichen Tuns und Denkens: Man bemüht sich, den Menschen besser zu kennen, die Unzulänglichkeiten seines Körpers und seiner Seele zu pflegen, ihn von der Kindheit an an eine Moral der Ehre und der Aufopferung zu gewöhnen, ihn soziale Verhältnisse zwischen den Menschen zu lehren, usw. Anstatt den Menschen als eine Höllenqual für den Menschen zu betrachten,[7] halten die Wolof ihn nach der wortwörtlichen Übersetzung des Wortes „garab" im zi-

---

[6] Dominique Zahan schreibt: „Il est essentiel de préciser la position occupée par l'Homme dans la pensée et la culture africaines, car c'est l'élément de base qui permettra de saisir les rapports entre Dieu et l'Homme. D'un bout à l'autre du continent, le Noir affirme sa conviction dans la supériorité de l'être humain vis-à-vis de tout ce qui existe. L'Homme est la réalité suprême et irréductible; la divinité elle-même entre dans son jeu à l'instar des être que l'homme côtoie et utilise." Dominique Zahan: Religion, spiritualité et pensée africaines. Paris 1970. S. 15

[7] Vgl. den berühmten Spruch von Jean-Paul Sartre „L'enfer c'est les autres".

tierten Sprichwort, als die beste „Arznei" oder das beste „Heilmittel" für den Menschen.

Dieser Glaube läßt sich auch in der Art und Weise feststellen, wie sich die Wolof in der semantischen Struktur ihrer Sprache Zeit und Raum vorstellen. Der Mensch als privilegiertes Geschöpf Gottes, das jedoch überzeugt ist, daß es andere Geschöpfe Gottes gibt, die er nicht immer zu sehen vermag, wird in den Sätzen, die eine Raumvorstellung ausdrücken, als Subjekt der Verben gebraucht. Den Satz „der Raum leert sich" gibt es zum Beispiel bei den Wolof nicht. Aus zwei Gründen wird vorausgesetzt, daß sich ein Raum nicht leeren kann: Zuerst wird angenommen, daß die Räume, in denen sich der Mensch aufhält, ihm zur Verfügung stehen; für ihn sind sie geschaffen worden. Wichtiger als diese Räume, mit denen er in Verbindung steht, wird also in diesen Situationen nur er als Subjekt der Verben gewählt. Die Annahme, daß sich in jedem Raum andere Geschöpfe Gottes befinden, die berücksichtigt werden sollen, regt außerdem die Wolof dazu an, ihre Behauptungen zu nuancieren. Daher wird nicht von dem „Sich leeren" eines Raums die Rede sein. Ein Raum kann nur „menschenleer" sein.

In der Zeitvorstellung der Wolof ist ein Satz wie „die Mahlzeit ging weiter" oder „die Mahlzeit war zu Ende" nicht zu begreifen, denn der Akzent wird nicht auf das Objekt oder die Aktion gelegt, wovon die Rede ist, sondern vor allem auf die handelnden Menschen als Hauptakteure. In Wolof hieße es eher: „sie aßen weiter" und „sie hatten fertiggegessen". Da ohne die Menschen von keiner Mahlzeit geredet werden dürfte, wird die Mahlzeit nicht als ein autonomes „Etwas" betrachtet, das an einem bestimmten Ort in einer bestimmten Zeitspanne seinen Gang nimmt, wie es in der deutschen und in der französischen Sprache suggeriert wird.

Durch diese beiden Beispiele könnte man zum Anfang des Aufsatzes zurückkommen, um den wechselseitigen Einfluß zwischen gesprochenen Sprachen und gewählten Entwicklungsformen festzustellen. Die Tatsache, daß in der deutschen und in der französischen Sprache erlebte Zeiteinheiten als etwas Autonomes betrachtet werden und als Subjekte von Verben gewählt werden können, zeigt die wichtige Rolle, die die Zeit in den deutschen und französischen Gesellschaften spielt, in denen das Wahre als Hauptwert und das Wirtschaftliche (die positiven Wissenschaften) als gründliche Kategorie gelten. In diesen Gesellschaften werden vor allem Leistung, Rentabilität und materieller Gewinn gepriesen. Der Glaube an den ausschließlichen Vorrang der positiven Wissenschaften hat in der Vergangenheit auch berühmte Philosophen und Dichter dazu geführt, die Unterdrückung anderer Völker „wissenschaftlich" begründen zu wollen, wobei sie eine in Afrika eher gängige Einstellung über Weisheit und Gelehrsamkeit verachteten, gar ignorierten.

Die Wolof und viele Afrikaner sind im Gegenteil eher darauf bedacht, die in afrikanischen Gesellschaften entwickelten menschlichen Werte als universell zu betrachten. Die angebliche Naivität der Afrikaner läßt sich daher dadurch erklären, daß sie keine Rücksicht darauf nehmen, daß der Mensch nicht immer und überall eine Hilfe für den Menschen ist. Die Neigung, andere Menschen und andere Völker nach Kriterien zu beurteilen, die eigenen Werten und Normen entsprechen, haben einige europäische Wissenschaftler dazu angeregt, Afrikaner als Kinder zu betrachten. Umgekehrt halten viele Afrikaner die meisten Europäer für wirkliche Ungeheuer, die jedes menschlichen Gefühls unfähig sind. Sie wollen dabei die Europäer nur nach den Werten beurteilen, die ihnen das materielle Leben viel wichtiger erscheinen lassen als die menschliche Solidarität.

Was bei vielen Afrikanern als Naivität bezeichnet wird, drückt in Wirklichkeit ein Vertrauen in Menschen und eine ständige Anregung zur gegenseitigen Unterstützung aus. Sie entspricht nicht nur einem Verhalten, sondern läßt sich in der semantischen Struktur vieler afrikanischer Sprachen ausdrücken. Bezieht man sich jedoch auf die relativ neuen Begebenheiten in Afrika und vor allem in Ruanda, wo ein unglaublicher Massenmord von Afrikanern selbst begangen wurde, kann man sich fragen, wo die afrikanische Philosophie der Solidarität und der Philanthropie geblieben ist. In dieser Hinsicht kann ich die Leser nur auf die gut dokumentierten Texte von Hildegard Schüring und der kritischen Christen in Publi-Forum hinweisen.[8]

Zeitgenössischen Historikern, Philosophen und Dichtern obliegt es zu betonen, zu welch schwerem Mißgeschick einige im 18. Jahrhundert verbreitete Theorien über die Minderwertigkeit anderer Völker geführt hat. Die tiefen Mißverständnisse, die heute noch auch in Europa zu blutigen Auflehnungen von religösen Minderheiten führen, sind ein Beweis dafür, daß es schädlich für

---

[8] Die relativ neuen Menschenkatastrophen in Ruanda scheinen meinen Behauptungen über die menschlichen Verhältnisse der Afrikaner zu widersprechen. Da ich aber diesmal keine Gelegenheit habe, von den Begebenheiten in Ruanda zu sprechen, möchte ich die Leser auf folgende Texte hinweisen: Das tödliche Versagen der Mission. In: Zeitschrift für kritische Christen „Publi-Forum" vom 4. 11. 1994, S. 31–3; Hildegard Schüring: Rwandische Zivilisation und christlich-koloniale Herrschaft. Ffm. 1992; Hildegard Schüring: Le rôle du système éducatif dans le désastre humain au Ruanda – Une perspective historique – Vortrag gehalten anläßlich des Panafrican Colloquium: Educational Innovation in Postcolonial Africa. Vom 12. zum 15. Dezember 1994 in Cape-Town. (zu veröff.)

die Humanität sein kann, wenn die einflußreichsten Länder der Welt im Gegensatz zu Herders und Goethes Lehren der Toleranz darauf beharren, keine Rücksicht auf
die Werte und Normen anderer Völker zu nehmen.

Kein Wesen kann zu nichts zerfallen

von Ivo Franges

1945 fiel der Nazifaschismus, und Deutschland und die Welt befreiten sich von einer Ideologie, die — um mit Tacitus zu reden — als *exitiabilis superstitio* bezeichnet werden könnte. Ach, wenn es sich nur um eine Ideologie gehandelt hätte! Das aber war eine Ideologie *in actu*, eine Ideologie, die sich in globalen Ausmaßen aufdrängen wollte; deren Reichweite universal war.

Wie jede Seuche dauerte der Nazismus relativ kurz: zwölf Jahre in der Opposition, während er die Macht zu erobern suchte; zwölf Jahre an der Macht 1921 – 1933 – 1945; von den zwölf Machtjahren vergingen die ersten sechs relativ ruhig, in den letzten herrschte Krieg (1933 – 1939 – 1945). Was er zerstört, was ins Schwanken gebracht hat, aber auch was er indirekt gefestigt hat, kann mit einem so kurzen Gelegenheitsartikel nicht umfaßt werden. Wie jede historische Tatsache kann der deutsche Faschismus von innen und von außen beurteilt werden: vom deutschen und vom außerdeutschen Standpunkt — vom Standpunkt jedes einzelnen Volkes, besonders derjenigen, die vom Nazismus erfaßt waren.

Auch diese Umfrage muß die einfache historische Tatsache hervorheben: Für jeden von uns ist das *genus proximum* gleich — die totalitäre Ideologie, die sich im erwähnten Zeitraum in Deutschland entwickelt hat. Die Deutschen werden alle Folgen aufzählen, die diese Ideologie in ihrer Heimat und in der Welt nach sich zog. Aber für jeden Angehörigen nichtdeutscher Völker, besonders jener, die die nazistische Besatzung zu spüren bekamen, wird die *differentia specifica* ganz unterschiedlich sein.

Ich bin Angehöriger des kroatischen Volkes, eines von jenen, die sich östlich der Schicksalsgrenze Danzig — Triest befinden, und die — alle ähnlich und doch jeder etwas anders — die Tragik des Nazismus erfahren haben. Diese Völker — und so auch das kroatische — lebten jahrhundertelang in unmittelbarer Berührung mit den Deutschen (und insbesondere mit den Österreichern). Die Folge davon war, daß die Bezeichnungen Deutscher und Österreicher schon immer synonyme Bedeutung hatten: „Österreicher waren in der Alltagssprache „Deutsche"; wenn man „Österreicher" sagte, war das lediglich eine politische Determinante. Ein Großteil des Konstituierungsprozesses meines Volkes verlief in der Opposition mit einem so aufgefaßten „Deutschtum". So wurde auch die Besatzung 1941–1945 meistens als logische Bestätigung für die jahrhundertealten Bestrebungen der Deutschen gesehen, über unser Gebiet weiter nach Osten vorzudringen.

Der nationale Integrationsprozeß der erwähnten Völker hatte auch seinen kulturellen und literarischen Aspekt: Die deutsche Literatur galt beispielsweise als Kulturträger, aber die bedeutete auch immer die Gefahr der Unterwerfung. Die deutsche Sprache war während langer Jahrhunderte das, was wir „Kultursprache" nennen, aber auch ein Symbol des Drucks und eines sogar betonten Minderwertigkeitsgefühls. Es stand zwar immer fest, daß Goethe, Schiller, Heine — um nur die wichtigsten Namen zu nennen, die als Vorbild und Anregung eine starke Wirkung ausübten — nie als „Feinde", als „Beteiligte" an der politischen Druckausübung gesehen wurden. Aber es war auch immer klar, worin die erwähnte *differentia specifica* liegt und was der Sinn des nationalen Kampfes ist. Und ohne Schillersche Dramatik beispielsweise müßte dieser Kampf auf die wesentlichen (scheinbar paradoxal, aber eigentlich gesetzmäßig, die deutschen!) Waffen verzichten.

Ich gehöre einer Generation an, die den Zweiten Weltkrieg als einen Konflikt zwischen dem Faschismus und dem Antifaschismus erlebt hat. Und wovon ist heute, ein halbes Jahrhundert später, die Rede? Schon der hl. Augustinus machte auf folgendes aufmerksam: „Wenn vergangene Ereignisse wahrheitsgetreu wiedergegeben werden, entfernen wir aus dem Gedächtnis nicht nur die Dinge, die vergangen sind, sondern auch die Worte, die geboren wurden aus den Bildern dieser Dinge, die sich, während sie vergehen, durch die Sinne unserer Seele wie eine Art Spuren eingeprägt haben." Wovon ist also bei der Erwähnung der über ein halbes Jahrhundert alten Vergangenheit die Rede? Von dieser Vergangenheit selbst? Oder von den Spuren, von denen Augustinus sagt, sie hätten sich uns eingeprägt?

Aber eigentlich lautet die Frage: Was von all dem, was sich von fünfzig Jahren ereignet hat, lebt noch als Spur in uns? Und etwas anderes, viel Wichtigeres: In welchem Maße ist diese Vergangenheit heute in der Kollektivseele des deutschen Volkes präsent?

Ich hatte das Glück, mit Unterbrechungen einige Jahre lang im modernen Deutschland zu leben. Ich weilte auch in anderen Ländern, aber selten konnte ich irgendwo einen so aufrichtigen und argumentierten Kampf gegen das vergangene Böse beobachten wie in Deutschland. Nie habe ich aus dem Mund eines ernstzunehmenden Gesprächspartners etwas gehört, was einer Verteidigung des Nazismus geähnelt hätte. Ich habe nie in den zwischenmenschlichen Beziehungen eine Spur des Rassismus gespürt — weder auf der Straße, noch in der Straßenbahn, noch in einem Lokal. All das erlebte ich als selbstverständliche, würdevolle Haltung freier Menschen, und nicht etwa als Frucht eines kollektiven Schuldgefühls: Das Land Goethes und Beethovens, Kants und Gauss' und so vieler anderer Genies sprach zu mir immer nur mit der Stimme seiner großen humanistischen Tradition.

Deutschland ist heute dank seines Volkes und der zahlreichen Einwanderer ein Land der Prosperität und Toleranz, das jeden mit Achtung erfüllt, der dorthin kommt. Im Augenblick seiner größten Tragödie, nach dem Zusammenbruch des Nazismus, konnte Deutschland noch einmal die Lehre des alten Goethe aus dem wunderbaren Gedicht *Vermächtnis* bestätigen: „Kein Wesen kann zu nichts zerfallen...". In der Tat: Die Weltgemeinschaft ist ohne den Beitrag der deutschen Tradition nicht denkbar. Aber auch ohne diese würdevolle Ablehnung der Kollektivschuld für die von einzelnen Wahnsinnigen begangenen Verbrechen.

Gegen Ende seines reichen Lebens, im November 1828, beantwortete der von den großen Visionen der allmenschlichen Einheit und Solidarität (Weltliteratur, Weltgeschichte, Weltall...) mitgerissene Goethe eine Frage Eckermanns, die damals auch die entscheidende Frage der deutschen Nation war, nämlich die Frage nach ihrer Einheit: „Wodurch ist Deutschland groß, als durch eine bewundernswürdige Volks-Kultur, die alle Teile des Reichs gleichmäßig durchdrungen hat." Und davor, noch entschiedener: „Mir ist nicht bange, sagte Goethe, daß Deutschland nicht eins werde; unsere guten Chausseen und künftige Eisenbahnen (vergessen wir nicht, das wird im Jahre 1828 gesagt! I. F.) werden schon das ihrige tun. Vor allem aber sei es eins in Liebe untereinander! Und immer sei es eins gegen den auswärtigen Feind. Es sei eins, daß der deutsche Thaler und Groschen im ganzen Reich gleichen Wert habe; eins, daß mein Reisekoffer durch alle sechs und dreißig Staaten ungeöffnet passieren könne. Es sei eins, daß der städtische Reisepaß eines Weimarischen Bürgers von dem Grenzbeamten eines großen Nachbarstaates nicht für unzulänglich gehalten werde, als der Paß eines *Ausländers*. Es sei von Inland und Ausland unter deutschen Staaten überall keine Rede mehr. Deutschland sei ferner eins in Maß und Gewicht, in Handel und Wandel und hundert ähnlichen Dingen, die ich nicht nennen kann und mag.

Wenn man aber denkt, die Weisheit Deutschlands bestehe darin, daß das sehr große Reich eine einzige große Residenz habe, und daß diese eine große Residenz, wie zum Wohl der Entwickelung einzelner großer Talente, so auch zum Wohl der Entwickelung einzelner großer Talente, so auch zum Wohl der großen Masse des Volkes gereiche, so ist man im Irrtum."

Goethes gehobener Ton verrät die feste Überzeugung von den eigenen Worten; in der Tat liegt einer der großen Vorteile Deutschland in seiner reichhaltigen und anregenden Vielfalt; der Vielfalt des Landes und der Menschen. Im Jahre 1945, als das geistige und das materielle Deutschland vernichtet zu sein schien, fand das Land die Kraft der Einheit in seiner Tradition. Amputiert, in vier Zonen — oder noch radikaler — in zwei damals verfeindete Welten geteilt, spürte Deutschland die Kraft der nationalen Erneuerung und ihrer reichen Tradition gerade in seiner Vielfältigkeit, dadurch, daß es Bundesrepublik wurde. Die großen deutschen Städte seiner Zeit aufzählend (Frankfurt, Bremen, Hamburg, Lübeck...), warnt Goethe: „Würden sie aber bleiben, was sie sind, wenn sie ihre eigene Souveränität verlieren und irgend einem großen Deutschen Reich als Provinzialstädte einverleibt werden sollten? — Ich habe Ursache daran zu zweifeln."

Was Österreich, und später Österreich-Ungarn als einer der ersten europäischen (und auch weltweiten!) multinationalen und multikulturellen Staaten leider unterlassen hat, bietet das heutige Deutschland mit Erfolg im Rahmen der paneuropäischen Formel. Es hat aus dem schrecklichen Jahr 1945 eine bleibende Lehre gezogen, die uns große Hoffnung schöpfen läßt, denn wahrhaftig „Kein Wesen kann zu nichts zerfallen …". Es ist ein schönes Gefühl, daß uns anläßlich dieses Jahrestages gerade die deutsche Kultur darauf aufmerksam macht und uns als Beispiel dient.

Das Jahrhundert
der deutschen Kapitulationen

von Jean Grondin

Es läßt sich nicht in Abrede stellen, wie sehr sich die Weltgeschichte dieses Jahrhunderts durch die Kapitulationen Deutschlands bestimmen ließ. 1918, 1933, 1945 und 1989 markieren die wichtigsten Meilensteine dessen, was künftige Historiker vielleicht als das Jahrhundert Deutschlands betrachten werden. Allein 1918 und 1945 waren spezifisch militärische Kapitulationen, und zwar der Gesinnung nach entgegengesetzte — wurde die eine als Verrat, die andere als Befreiung empfunden –, obwohl die Kapitulation vom 8. Mai 1945 die letzte Konsequenz der ungebändigten Schändungsgefühle von 1918 gewesen war. 1933 und 1989 signalisierten „Kapitulationen" anderer Art: 1933 kapitulierte die Weimarer Republik schlechthin, die mit daran zugrundeging, daß sie eben die Kapitulation von 1918 nicht hatte verkraften können. Die Kapitulation vom November 1918 gereichte der Weimarer Republik zum tödlichen Schimpfwort. Allein der 8. Mai 1945 verlieh der Kapitulation einen ehrenhaften, reuevollen Namen.

Daran konnte insgeheim die Kapitulation von 1989 anschließen, als ein aus 1945 hervorgegangenes Unrechtsregime vor seiner eigenen Bevölkerung und der ganzen Welt die ideologischen Waffen niederlegte. Es ist noch nicht an der Zeit, sich ein Bild der dauerhaften Auswirkungen, die 1989 auf Deutschland und die Weltgeschichte überhaupt haben wird, zu machen. Aber mit dem Sturz der Mauer ging wohl die Erblast des zweiten

Weltkrieges zu Ende, als hätte dieser Sturz die Kapitulation vom 8. Mai 1945, die die deutsche Teilung nach sich gezogen hatte, zu ihrem endgültigen Abschluß gebracht.

Seit 1945 lebten wir in einem Kapitel der Weltgeschichte, dessen Ende wir vor 1989 wirklich nicht absehen konnten. An dieses Ende wurde auch nicht im Ernst geglaubt. Unsere Epoche, so viel war klar, hieß einfach „1945-...", mit nichts hinter dem Bindestrich. Die Geschichte war 1945 dergestalt zum Stillstand gekommen, daß wir uns nahezu jenseits der Geschichte wähnten. Dafür bürgerte sich sogar der resignierte Begriff der „posthistoire" ein. In den 80er Jahren, als es in Deutschland Mode wurde, schon wieder eine Kapitulation Deutschlands an den Pranger zu stellen, diesmal die vor den amerikanischen Raketen, stellte man sich das Ende dieses Kapitels zuweilen apokalyptisch vor: Ein dritter Weltkrieg oder ein nuklearer Selbstmord der Menschheit würde das Ende der Epoche nach 1945 bringen. Der Witz war aber der, daß keiner mehr da wäre, um es zu registrieren. Da es Geschichte nur geben kann, sofern Menschen da sind und Geschehnisse wahrnehmen, befanden wir uns in der absurden Aufschubfrist des Endspieles.

Die Nachrichten über den Tod der Geschichte erwiesen sich als weit übertrieben. Die Geschichte überlebte wieder einmal ihre Totengräber. Eine erneute Kapitulation, die von 1989, eröffnete ein neues Kapitel der Weltgeschichte, von dem wir nur wissen, das es „1989-..." mit offenem Bindestrich heißt. Über die genauen Ursachen der „Kapitulation" von 1989 wissen wir auch noch zu wenig. Aber der Zusammenbruch von 1989 hatte auch seine „militärische" Seite: Mit der Kapitulation vom 9. November 1989 wurde nämlich der „kalte Krieg", so ungefähr wird das Kapitel 1945–1989 in den Geschichtsbüchern betitelt werden, als verloren oder hinfällig erklärt.

Die Nukleardrohung hinderte ihn, heiß zu werden, aber dieser Krieg wurde doch mit allen üblichen Mitteln der Strategie, Ideologie und Aufrüstung ausgefochten. Mit 1989 endete somit der Krieg, der mit der Kapitulation und Besetzung Deutschlands 1945 in Gang gesetzt worden war. Erst 1989 wurde die Kapitulation von 1945 vollendet.

Deutschland hat inzwischen auch seinen Frieden mit der Demokratie geschlossen und sich darin seit 1945 erstaunlicherweise bewährt. Denn es ist, weiß Gott, durch seine Geschichte dafür unvorbereitet gewesen. Nach 1945 klappte, was 1918 scheiterte, nämlich die Einführung der Demokratie. Vor 1918 hatte sie kaum jemand verlangt, und nach 1918 wurde sie als ein von außen aufoktroyiertes System diskreditiert. In der Weimarer Republik wurde sie geradezu als Gefährdung und Gegensatz der unter Bismarck mit Stolz errungen Deutschen Einheit gesehen. Anstatt als ein Volk und ein Vaterland, für das der Krieg von 1914 geführt wurde, aufzutreten, war Deutschland nunmehr in zahllose Parteien zersplittert. Daraus bezogen die Nazis ihre 1933 erfolgreichen Argumente, als sie die Parteien nach und nach auflösten und Deutschland unter der Führung der als Trägerin des nationalen Aufbruchs ausgegebenen NSDAP „wiedervereinigten". Einheit und Demokratie galten als unvereinbar.

Nach dem 8. Mai 1945 wurde in Westdeutschland die Demokratie auch von außen eingeführt, aber diesmal hatte sie Erfolg — auf bis heute holprige Weise natürlich, aber dies ist nun einmal die Seinsweise einer jeden Demokratie. Nach dem Zusammenbruch von 1945 hatten sich nicht wenige prominente Stimmen in Deutschland erhoben (man denke etwa an das ehrwürdige Beispiel von Karl Jaspers), die den Westmächten ein jahrzehntelanges Protektorat Deutschlands anrieten. Deutschland sei nicht reif für die Demokratie und habe sie auch nicht verdient nach dem maßlosen Unheil des NS-Staates. Das Vorspiel der Weimarer Krise war auch nicht erhebend gewesen. Die Vorbereitungen auf den sich anbahnenden dritten Weltkrieg mußten wohl auch bei den Alliierten die Experimentierlust mit dem Problemland Deutschland gedämpft haben.

Warum funktionierte auf einmal die Demokratie, nachdem sie in Weimar kläglich gescheitert war? Sieht man von der günstigen wirtschaftlichen Lage und den inneren Verdiensten der Demokratie ab, die aber in der Weimarer Zeit offenbar wenig Anerkennung fanden, schufen zwei Faktoren einen fruchtbaren Nährboden für die Demokratie. Ihr kam einerseits zu Hilfe, daß die Deutsche Einheit nicht mehr, wie zu Zeiten der Weimarer Republik, von dem heillosen Parteiengezänk gefährdet war. Nicht länger die anarchische Zersplittung der Parteien war es, die das Vaterland in Gefahr brachte, sondern der allzu krasse eiserne Vorhang, der sich nunmehr geographisch durch das ganze Land hindurchzog. So wurde es für die Bundesrepublik zur Lebensaufgabe, die in Weimar so unheilsame Zersplitterung der Parteien, die Demokratie also, aufrechtzuerhalten und gar zu pflegen. Auf einmal waren die Parteienstreitereien nicht mehr die Gefahr, sondern die Rettung im ideologischen Bürgerkrieg. Die Regierung bezog daraus eine Legitimität, mit der die östliche Republik nicht wetteifern konnte. Damit gewöhnte sich Deutschland wider Erwarten an die Demokratie.

Der Erfolg der Demokratie hängt andererseits mit der Art und Weise zusammen, wie die Kapitulation 1945 vollzogen wurde. Eine Kapitulation hat doch immer etwas von Demütigung an sich. Kein Land hat so viele erleiden müssen wie Deutschland in diesem Jahrhundert. Um als glaubwürdige Grundlage eines Staatswesens zu gelten, muß sie von der ganzen Bevölkerung getragen werden. Die vom Volk nicht nachvollzogene Kapitulation von 1918 war der Geburtsfehler der Weimarer Republik. Die Dolchstoßparole verband sie mit einem Gesichtsverlust — ein ominöses Ende für einen Krieg, der ausgerechnet im Namen von Prestigefragen vom Zaun gebrochen war. Durch das vom NS-Regime begangene Unheil brachen aber auf einmal die Werte von nationaler Affirmation und Ehre in sich zusammen. Von Nationalgefühl konnte nicht mehr die Rede sein nach all dem, was in seinem Namen angerichtet worden war. Nun galt es, die Kapitulation von 1918 von innen her nachzuvollziehen. Man könnte fast von „Rekapitulation" sprechen. Das einzig Ehrenvolle war dann gerade der selbstauferlegte Verlust der nationalen Ehre, kurzum: die „Enthauptung" (in etwa das deutsche Äquivalent für das Fremdwort *capitulatio*). Allein kraft Selbstverzichtes konnte Deutschland zu sich selbst wiederfinden. Das mag etwas religiös klingen. Aber 1945 fehlte es gerade nicht an solchen Klängen, die zu einer „Wandlung" oder „Kehre" riefen. Auch die Gründung der DDR, die eine Zeit lang — und in einigen Köpfen gilt das bis heute — ihre Legitimation daraus bezog, verstand sich als grundsätzliche Abkehr vom Bisherigen. Ja: die DDR hätte radikaler „kapituliert" als die westliche Republik, als sie mit deren angeblicher Wurzel, dem kapitalistischen Wirtschaftssystem, gebrochen hatte. Die DDR verkündete sich in einer Mischung aus Stolz und Bescheidenheit als das „andere", das „neue" Deutschland. Ihr lag alles daran, die BRD als die Nachfolgerin des NS-Deutschland hinzustellen, das doch nicht ganz kapituliert hätte. Die deutsche Teilung hätte also auch etwas mit der Radikalität zu tun, mit der die Kapitulation von 1945 auf beiden Seiten der Elbe erfolgte. Andere wiederum sahen gerade in der deutschen Teilung das wahre Unterpfand der endgültigen Kapitulation Deutschlands. Böse Zungen mutmaßten sogar, das sei auch die vorherrschende Stimmung außerhalb Deutschlands, wo man sich nur allzu gern mit der Teilung abfände. Gegenüber dieser Lesart, der das französische Staatsoberhaupt kurz nach dem Mauerfall das Wort redete, waren die Deutschen besonders empfindlich, aber sie war weniger verbreitet, als manche meinten. Die ganze Welt — vom Nahen Osten bis zu Südafrika — litt doch an der Teilung, die Deutschland auf sich und den ganzen Erdball gebracht hatte.

50 Jahre danach hat die Weltgeschichte das kapitulierende Deutschland mit sich selbst wiederzusammengebracht. Zum ersten Mal blicken wir also auf den 8. Mai 1945 mit dem Gefühl, daß die mit diesem Datum anhebende Epoche ihrem Ende entgegengeführt wurde. Ein Datum, das bis 1989 unmittelbare Gegenwart blieb, gehört nunmehr der Vergangenheit an. Hat sich der Kreis geschlossen? Ist die Zeit der deutschen Kapitulationen und Demütigungen vorbei? Kann es sich Deutschland leisten, wieder zur Normalität zurückzukehren, als sei nichts geschehen? Das ist wahrlich die Gefahr, die die Aufhebung der Teilung in sich birgt. Das vereinigte Deutschland darf nicht vergessen, daß seine relative „Normalität" erst mit dem 8. Mai 1945 begann, dank der Kapitulation. Die Selbstfindung Deutschlands setzt Selbstverlust voraus.

Das geeinte Deutschland
weckt Vertrauen

von Carlos Huneeus

Für einen chilenischen Politikwissenschaftler erscheint das halbe Jahrhundert seit dem Sieg der Alliierten über Hitler-Deutschland als ein langer Zeitraum in
der modernen Geschichte, vor allem angesichts der
spektakulären Entwicklung der Wirtschaft, der Wissenschaften sowie der Technologie. Noch länger erschienen
diese 50 Jahre deutscher Geschichte aufgrund der sich
überstürzenden Ereignisse nach dem Fall der Berliner
Mauer 1989, die einem Teil Deutschlands und Europas
die Freiheit brachten. Die im Laufe dieser sechs Jahre ge-
leisteten Fortschritte in Wissenschaft und Technologie
mögen angesichts der in den vier Nachkriegs-Jahrzehn-
ten erreichten bemerkenswerten Erfolge vielleicht gering
erscheinen. Aber der gewaltige Sprung nach vorn in der
Lebensqualität in Form der Wiederbegegnung von Millionen von Menschen in einer Demokratie ist doch ein
bedeutendes Ergebnis und eine bemerkenswerte Leistung.

In weniger als sechs Jahren hat sich die Situation in
Europa drastisch verändert, und dies hat zugleich welt-
weite Auswirkungen gehabt: die Demokratie ist das einzige politische System, das ein besseres Zusammenleben
der Menschen gewährleistet und zur Armutsbekämp-
fung beiträgt. Diese neue Realität der modernen Welt ist
für Lateinamerika außerordentlich wichtig, denn bis
1989 gab es in der Region noch Diktaturen, so auch in
Chile. Ein Jahr zuvor hatten die Chilenen durch ein Ple-

biszit General Augusto Pinochet besiegen können, um so den Weg für die Demokratie freizumachen, und im Dezember 1989 war Patricio Aylwin zum Präsidenten gewählt worden. Chile, das sich durch eine lange demokratische Tradition auszeichnet, knüpfte so zeitgleich mit den ostdeutschen und den mitteleuropäischen Staaten an diese Tradition an. In demselben Jahr kam es in Paraguay zum ersten Mal zu demokratischen Verhältnissen, und nur wenige Jahre zuvor war in Argentinien — nach fünfzig Jahren der sich ablösenden Militärdiktaturen — der Übergang zur Demokratie geglückt. Auch Uruguay, das bis 1973 eine lange und erfolgreiche demokratische Entwicklung erlebt hatte, und andere Länder der Region, die seit der Unabhängigkeit von der spanischen Kolonialherrschaft fast ununterbrochen unter instabilen politischen Verhältnissen gelebt hatten, fanden zur Demokratie zurück.

Die vielfältigen Schwierigkeiten beim zweifachen Übergang in Europa — einerseits vom Autoritarismus zur Demokratie und andererseits von der Plan- zur Marktwirtschaft — haben dazu geführt, daß sich in diesen Ländern die wirtschaftlichen und politischen Anstrengungen auf eine rasche Festigung der demokratischen Verhältnisse, auf eine erfolgreiche Wirtschaft sowie auf die soziale Integration konzentrieren müssen. Die Agenda der politischen, wirtschaftlichen und sozialen Akteure ist infolgedessen außerordentlich gedrängt. Die Bemühungen der Europäer richten sich in erster Linie auf die Lösung ihrer eigenen Probleme. Diese Kraftanstrengungen können als gefährlicher „Eurozentrismus" gesehen werden, denn es wird davon ausgegangen, daß die Schwierigkeiten ihre Ursache innerhalb Europas haben und die Lösungen infolgedessen auch in Europa selbst zu suchen sind. Kurzfristig gesehen mag diese Auffassung berechtigt sein, aber mittel- oder langfristig sind die Lösungen nicht allein in Europa zu finden, sondern auch in anderen Regionen.

Zudem wirken sich die Probleme und Belange anderer Regionen unmittelbar auch auf den „alten Kontinent" aus. Da es sich bei Lateinamerika und Asien um Regionen von wachsender wirtschaftlicher Bedeutung handelt, sind ausreichende Voraussetzungen für eine Intensivierung der politischen Beziehungen gegeben. Darüberhinaus ist ein großes Interesse an der Aufnahme kultureller Beziehungen durch die Zusammenarbeit von Universitäten und Forschungsinstituten zu verzeichnen. Letzteres ist besonders wichtig, da internationale Beziehungen nicht allein durch wirtschaftliche Kooperation, genauer gesagt durch Handelsbeziehungen, gefestigt werden, sondern durch breiter gefächerte Verbindungen. Auf diese Weise könnte ein weit gespanntes Netz zwischen Institutionen und Personen geknüpft werden, das ein äußerst fruchtbares soziales und kulturelles Geflecht hervorbringen würde. Die Demokratieentwicklung in Mitteleuropa ist mit der Entwicklung enger politischer, wirtschaftlicher und kultureller Beziehungen zu Lateinamerika nicht inkompatibel, denn Europa — und vor allem Deutschland — hat historisch gesehen einen besonderen Bezug zu Lateinamerika.

In der Folge von wirtschaftlicher Unterentwicklung und dem Scheitern der Demokratie sehen sich auch unsere Länder vielfältigen Aufgaben im politischen, wirtschaftlichen sowie sozialen Bereich gegenüber. Auch wir könnten autozentristische Tendenzen entwickeln, die unsere Verbindung zu sogenannten „alten Kontinent" schwächen würden. Auch in Lateinamerika müssen zeitgleich verschiedene politische Aufgaben in Angriff genommen werden, die zu stabilen politischen Verhält nissen führen und gleichzeitig die Probleme der Unterentwicklung sowie der sozialen Ungleichheiten beseitigen sollen. Diese Aufgaben können mit der Hilfe von und in Zusammenarbeit mit Europa und insbesondere Deutschland besser gelöst werden.

Die deutsche Geschichte ist eine Einladung zum Nachdenken über die Konsequenzen von rechten sowie linken Diktaturen und damit auch ein Aufruf zur Festigung der Demokratie in der gesamten Welt. Mit diesen Worten hatte es der große spanische Schriftsteller Jorge Semprún, der als junger Mensch aufgrund des spanischen Bürgerkrieges (1930–1939) in Frankreich exiliert und später während des Weltkrieges in Buchenwald inhaftiert gewesen war, anläßlich der Verleihung des Friedenspreises des deutschen Buchhandels 1994 ausgedrückt. Das deutsche Volk hat als einziges die Unterdrückungsmechanismen beider Arten von Diktaturen erlebt. Zum gegenwärtigen Zeitpunkt enge politische, wirtschaftliche und kulturelle Beziehungen zwischen Deutschland und Lateinamerika zu suchen, stellt gewissermaßen den gemeinsamen Nenner dar, der einen Dialog und eine Kooperation in den vielfältigsten Bereichen gewährleistet. Und dies weit über die rein wirtschaftlichen Kooperationsverträge, die heute an erster Stelle der internationalen Beziehungen stehen, hinaus.

Das Nachdenken über Demokratie impliziert die Frage, wie Toleranz und Gleichheit unter den Menschen ungeachtet ihrer Hautfarbe, Religion oder Rasse institutionalisiert werden können und wie auf internationaler Ebene eine friedliche Ordnung erreicht werden kann, die den Krieg als ein Relikt der Vergangenheit ad acta legt. Es impliziert ebenso die Frage nach der Überwindung der Armut und nach Solidarität, denn die Geschichte der Entwicklung der Wirtschaft und des sozialen Wohlstandes geht mit der Demokratie, und nicht mit Autoritarismus, einher. In vielen Ländern der Region, Chile und Uruguay beispielsweise, die sich beide durch ihre bis 1975 andauernde demokratische Tradition auszeichnen — ist die Demokratie wegen der ideologischen und politischen Kämpfe untergegangen, d.h. wegen des Scheiterns der Demokraten, die heute allesamt nach Formen des sozialen und politischen Zusammenlebens suchen, in deren Mittelpunkt die Kompromißbereitschaft und nicht die Konfliktzuspitzung steht, wie es in den 60er Jahren der Fall gewesen war.

Die Herausforderungen im politischen und wirtschaftlichen Bereich sind komplex, denn nur in einigen wenigen Fällen haben die autoritären Regime wirtschaftliche Veränderungen durchgesetzt, die die Einführung der Marktwirtschaft erleichterten. So geschehen in Spanien unter General Pinochet, dem „Generalissimus", und in Chile unter General Pinochet, nur waren diese Veränderungen von ihren Erfindern nicht zur Einführung der Demokratie, sondern zur Festigung der persönlichen Macht beider Diktatoren gedacht. Es gibt natürlich solche, die Franco und Pinochet dafür „bewundern", aber diese Bewunderer — und es gibt sie in Osteuropa und vor allem Rußland — gehören zur Gruppe der Anhänger autoritärer Regime.

Die Tatsache, daß gerade diese Veränderungen zu günstigeren Entstehungsbedingungen für die Demokratie geführt haben und die Machtposition der Diktatoren bröckeln ließen, war schlicht und ergreifend ein Nebeneffekt, den weder Franco noch Pinochet beabsichtigt hatten.

Ausnahmen dieser Art haben jedoch keinen Systemcharakter und können nicht als beispielhaft für andere Länder angesehen werden, die den Weg zu wirtschaftlichem und sozialem Fortschritt bisher noch nicht gefunden haben.

Über Demokratie und Freiheit im Lichte der deutschen Geschichte zu sprechen, ist keineswegs eine theoretische oder überholte Angelegenheit. Es geht hier vielmehr um konkrete Probleme, die heute Länder und Nationen in der ganzen Welt betreffen und die in Lateinamerika eine Frage von brennender Aktualität darstellen. Tausende Lateinamerikaner mußten während der Diktaturen oder in wirtschaftlichen Krisenzeiten aus ihren Ländern fliehen, um in den USA oder Europa nach einer besseren Lebensperspektive zu suchen. In allen Aufnahmeländern stießen sie auf Schwierigkeiten im Zusammenleben mit den Bürgern und Behörden der jeweiligen Staaten. Die immer neue Berichterstattung in den europäischen Medien über Angriffe gegen Ausländer in der *BRD* weist auf ein Problem hin, von dem angenommen wird, es käme in dieser Form nur in der deutschen Gesellschaft vor, Intoleranz ist jedoch kein nationales deutsches Problem, sondern ein leider auf der ganzen Welt verbreitetes Phänomen. Wir brauchen an dieser Stelle keine Beispiele für diese traurige Realität heranzuziehen, die gestern wie heute die Hauptursache für Krieg und Verfolgung darstellt. Solange diese Probleme als interne Angelegenheit eines Landes gesehen werden, werden sie in anderen Ländern, wo Ausländer oder einer Minderheit angehörende Landsleute diskriminiert werden, weiter bestehen bleiben.

Das Ausländerproblem ist nicht nur ein deutsches Phänomen, sondern es gestaltet sich so auch in anderen europäischen Ländern. Die Tatsache, daß häufiger von Übergriffen auf Ausländer in Deutschland gesprochen wird, zeugt von einer gewissen „Farbenblindheit", d.h. in manchen Ländern werden solche Ereignisse einfach übersehen, nicht bekanntgemacht oder nicht angezeigt. Wenn Südamerikaner in Spanien — noch immer als unser „Mutterland" angesehen — geringschätzig als „Suducas" bezeichnet werden und große Integrationsprobleme haben, dann stellen wir dort ein schwerwiegendes Defizit in puncto Zusammenleben fest, d.h. die kulturelle und politische Basis erschwert in erheblichem Maße deren Zusammenleben mit den Spaniern.

Deutschland hat zweifelsohne aufgrund seiner Geschichte ein anderes Verhältnis zu anderen Nationen als die übrigen Länder Westeuropas. Es scheint jedoch, als lägen den Anschuldigungen der Nachbarländer keine ethisch-historischen Fragestellungen zugrunde, als vielmehr ganz aktuelle und konkrete Interessenkonflikte. Im Kontext eines immer intensiveren und härteren wirtschaftlichen Wettbewerbs auf den internationalen Märkten scheinen die Anschuldigungen eher darauf gerichtet zu sein, den Ruf der Deutschen zu schädigen, als ein deutliches Interesse anzumelden, den Ausländern eine Hilfestellung zu geben und die Voraussetzungen für Toleranz auf dem alten Kontinent zu verbessern.

Angesichts dieser Situation ist das Verhalten der Deutschen von einer kuriosen Mischung aus Selbstgeißelung, Resignation und einem gewissen Schuldkomplex geprägt. Engländer, Franzosen und Holländer halten die Deutschen im allgemeinen für eine „andere", „spezielle" Nation. Intoleranz wird so mit einem einzigen Land gleichgesetzt, wobei die Probleme in anderen Ländern verschwiegen werden. Die Selbstgeißelung bedeutet, mit einem Problem leben zu müssen und es zu verurteilen, aber eigentlich wird seine Existenz resignierend hingenommen, so als hätte dieses Land ein strukturelles Problem, mit dem man leben muß. Für die anderen Länder hat dies den Vorteil, daß weiter an der demokratischen und friedlichen Grundhaltung des „großen Deutschlands" gezweifelt werden kann.

Auch in Lateinamerika muß Vergangenheitsbewältigung vonstatten gehen, denn unter den Militärregimen sind von militärischen oder anderen Geheimdiensten schwere Menschenrechtsverletzungen begangen worden. Wenn diese Vergangenheitsbewältigung bisher noch nicht in vollem Ausmaß geleistet worden ist, so liegt dies an den Schwierigkeiten beim Übergang zur Demokratie, an der Schwäche der politischen Parteien und daran, daß Parlamente und Gerichte nicht legitimiert sind, einen so empfindlichen Konflikt wie diesen zu regeln, und daß die Militärs nach wie vor ein hohes Maß an Macht und Einfluß geltend machen können. Es steht uns nicht an, uns „selbst zu geißeln", denn es geht darum, ein Problem der Vergangenheit zu bewältigen und nicht, resignierend damit weiterzuleben.

Wiederholt wird aus konservativer Sicht auf die historischen Wurzeln der Beziehungen zwischen Deutschland und Lateinamerika hingewiesen, wobei die historischen Bande im 19. oder beginnenden 20. Jahrhundert besonders betont werden. Es wird dort die Rolle der deutschen Einwanderer erwähnt, die sich im Zuge der politischen und sozialen Unruhen in Deutschland ab der Mitte des 19. Jahrhunderts in verschiedenen Ländern der Region ansiedelten und die Sprache und Traditionen des wilhelminischen Deutschlands in der neuen Heimat bewahrten. Weitaus seltener wird von der Bedeutung neuerer Ereignisse im 20. Jahrhundert gesprochen, z.B. von denen, die vor dem Nationalsozialismus oder wegen wirtschaftlicher Schwierigkeiten in den Nachkriegszeit fliehen mußten oder von den Tausenden Lateinamerikanern, die in der Flucht vor Militärdiktaturen in den 60er und 70er Jahren in Deutschland Zuflucht fanden oder aufgrund von Wirtschaftskrisen in unseren Ländern emigrieren mußten.

In letztgenanntem liegt ein wichtiger Ausgangspunkt für die Beziehungen Deutschlands mit unserer Region. Vergessen wir nicht, was die Kirchen, Gewerkschaften, Parteien, politischen Stiftungen und Regierungen für alle aus politischen Gründen Verfolgten getan haben und wie sie zur Wiedererlangung der Demokratie beigetragen haben. Tausende chilenischer Flüchtlinge kamen nach 1973 nach Deutschland, und durch die Intervention deutscher Politiker wurden zahlreiche chilenische Politiker freigelassen.

Dies soll nicht heißen, daß an weiter zurückliegende historische Ereignisse nicht erinnert werden soll, aber sie müssen als das gesehen werden, was sie wirklich sind: Begebenheiten der Vergangenheit. Die deutsche Kulturpolitik sollte sich nicht ausschließlich auf die einheimische deutsche Bevölkerung ausrichten, sondern sollte vielmehr ihren Blick auch auf das breite Spektrum von Organisationen, Gruppen und Personen lenken, die eine enge Beziehung zu Deutschland gehabt haben oder eine solche aufzunehmen wünschen.

Chiles Wunsch ist es, daß sich Deutschland aktiv dafür einsetzt, daß die Europäische Union enge Beziehungen zu Lateinamerika anknüpft. Eine Reihe von Faktoren lassen diese Hoffnung als berechtigt erscheinen. Es liegen hier keine Interessen aufgrund kolonialer Traditionen vor, wie dies in anderen europäischen Ländern der Fall ist; Deutschland ist wahrscheinlich das Land, mit dem aufgrund der Zusammenarbeit zwischen Kirche, Parteien, politischen Stiftungen und NGOs die vielfältigsten Beziehung zu realisieren sind. Kurzum, Deutschland ist das europäische Land, das die beste finanzielle und technische Zusammenarbeit mit Lateinamerika zur

Verfügung stellen kann. Auf dem Essener Gipfeltreffen der Europäischen Union, bei dem Deutschland den Vorsitz innehatte, wurde das Anknüpfen enger Beziehungen zu Lateinamerika, sowohl in Form der Zusammenarbeit mit einer so bedeutenden Organisation auf regionaler Ebene — dem MERCOSUR mit den Mitgliedsstaaten Argentinien, Brasilien, Uruguay und Paraguay — als auch mit Ländern wie Mexiko und Chile beschlossen.

Deutschland übt wegen seiner Erfolge bei den Bemühungen um politische Stabilität mit starkem Wirtschaftswachstum und weitreichender Integration der Gesellschaft aufgrund der sozialen Marktwirtschaft auf ein Land wie Chile, das nach Festigung seiner Demokratie und nach einem wirtschaftlichen Fortschritt mit sozialer Entwicklung strebt, eine besondere Anziehungskraft aus. Diese Ergebnisse konnten mit der historischen Anstrengung, deutlich getrennte und solide politische wie wirtschaftliche Institutionen aufzubauen, erzielt werden. Gleichzeitig wurde aber den Gruppen und Individuen genügend politischer Freiraum zugebilligt, ohne dabei technokratischen Lösungsmodellen oder konjunkturell bedingten Modeerscheinungen in der Politik zu unterliegen. Möglicherweise ist diese Integration von Institutionalisierung und Personalisierung der Politik die Ursache dafür, daß die in den 70er Jahren neu entstandenen Demokratien in Südeuropa — Spanien, Portugal und Griechenland — und in Lateinamerika besonders auf Deutschland geschaut haben, als es darum ging, Modelle für demokratische Institutionen, seien es Parteien- oder Wahlgesetze, der Föderalismus oder die Arbeitgeber-Arbeitnehmer-Beziehungen, teilweise zu übernehmen.

Weder die USA noch andere europäische Länder weisen diese besonderen Kennzeichen der politischen Entwicklung auf. Die Unterschiede zwischen den Ländern

Lateinamerikas und den USA sind nicht nur in der langen Geschichte von bewaffneten und politischen Interventionen und konfliktreichen Beziehungen begründet, sondern auch in ihrer grundsätzlichen Verschiedenheit im politischen und wirtschaftlichen Bereich. Die USA sind ein zu mächtiger und einnehmender Nachbar. Von daher rührt auch unser Interesse an einer Integration auf regionaler Ebene, die uns eine ausgeglichenere Dialogposition gegenüber dem großen Nachbarn aus dem Norden verschaffen würde, und an einer soliden und aktiven Zusammenarbeit mit Europa.

Deutschland ist für Chile wie auch für andere lateinamerikanische Länder ein Land, mit dem wir an privilegierten Beziehungen in gemeinsamen politischen, wirtschaftlichen und kulturellen Angelegenheiten interessiert sind. Für uns weckt Deutschland Vertrauen, und das geeinte Deutschland umso mehr, als es so einen größeren Beitrag zur Entwicklung der Weltwirtschaft und zu besseren Beziehungen zwischen den Ländern des Nordens und des Südens zu leisten vermag.

Der Tag des Sieges — ein Feiertag der Besiegten

von Leonid Ionin

Der 8. Mai 1945 ist der Tag der Kapitulation des faschistischen Deutschland. In der Sowjetunion, und heute in Rußland, wird ein anderer Tag gefeiert — der 9. Mai, der offiziell als Tag des Sieges gilt. Ein Tag scheint keinen großen Unterschied zu machen, dabei ist es ein- und dasselbe Ereignis. Jedoch ist es ein ganz anderer Feiertag. Die Russen feiern nicht die Beendigung des Zweiten Weltkrieges, wo sie ihr Schicksal und ihren Sieg mit mehreren anderen Völkern geteilt hatten, sondern den Sieg in ihrem eigenen Großen Vaterländischen Krieg, dem Krieg, in welchem Rußland allein seinem Verhängnis gegenüberstand, durchhalten konnte und viele andere Völker vor der nazistischen Diktatur rettete.

In der Sowjetunion war der Tag des Sieges wohl der einzige Feiertag, bei dem der offizielle Standpunkt mit dem gesellschaftlichen und rein persönlichen zusammenfiel. Die offiziellen Feierlichkeiten entsprachen durchaus den persönlichen Erlebnissen. In diesem Krieg gab es kein Hinterland, es gab auch keine Familie, die nicht vom Krieg betroffen war, und eben deshalb entstand und existierte ein seltenes Gefühl der Gemeinsamkeit des Schicksals, welches in vielerlei Hinsicht die multinationale und multikulturelle sowjetische Gesellschaft zusammenzementierte. Selbst zudringliche, klischeehafte Bilder der offiziellen Geschichtswissenschaft, die sonst suspekt und tendenziös erschienen, unterlagen in diesem Fall keinem Zweifel. Es war sonnenklar: Hitler hatte uns angegriffen, wir hatten stark gelitten, aber letzten Endes gewonnen. Selbstverständlich gab es auch sogenannte „weiße Flecken" auf der Kriegskarte, Ereignisse, die nicht völlig aufgeklärt werden konnten oder gar fragwürdig schienen. Aber auch sie verblaßten angesichts der blendenden und ungeteilten Wahrheit: Wir waren am Rande des Abgrundes, aber wir hatten gesiegt. Und jeder hatte es persönlich erlebt. Der Krieg war sozusagen die Stunde der Wahrheit im Leben des Landes und jedes Menschen. Jetzt ist diese Wahrheit stark ins Wanken geraten: Es existieren jetzt sozusagen drei Kriege: Der Krieg, wie er war, der Krieg, wie er heute geworden ist, und der Krieg, wie er hätte sein können. Das sind drei verschiedene Kriege, drei verschiedene Geschichtsauffassungen, drei verschiedene Politiken.

Der Krieg, wie er war

Dazu gehören das Streben der UdSSR in der Vorkriegsperiode, die Gefahr des Krieges abzuwenden, der Nichtangriffspakt mit Deutschland, der Glaube an die Einhaltung der Vertragsvereinbarungen seitens Deutschlands, der heimtückische Überfall am frühen Morgen des 22. Juni 1941, die gigantischen Verluste am Anfang des Krieges, die Verlagerung der Industrie in den Osten, die schicksalhafte Schlacht bei Moskau, die äußerste Anspannung aller Kräfte des Landes, der selbstlose Mut der Sowjetmenschen, ihre Bereitschaft zu sterben unter der Losung „Fürs Vaterland, für Stalin!", der Kriegsdurchbruch, Stalingrad, die völlige Befreiung aller besetzten sowjetischen Territorien Mitte 1944, die Befreiung Osteuropas, der Sturmangriff auf Berlin, die Kapitulation Deutschlands.

Der geheime Molotow-Ribbentrop-Pakt und die Teilung Polens bleiben praktisch unerwähnt, als ob sie nie existiert hätten. Die militärischen Niederlagen des Jahres 1941 werden dadurch erklärt, daß Rußland an die Gewissenhaftigkeit des Führers glaubte und unvorbereitet in den Krieg trat, als der Überfall völlig unerwartet kam. Die „zweite Front" wird dargestellt als Gegenstand der ständigen Telefongespräche und des Briefwechsels zwischen Stalin, Churchill und Roosevelt, wobei Stalin stets auf der baldigen Öffnung der zweiten Front bestand, während die westlichen Staatsführer immer weiter zögerten, bis sie endlich verstanden, daß Hitler nicht mit Rußland fertig werden konnte und sie sich folglich beeilen mußten, ehe Stalin ganz Europa selbst befreien würde.

Das war ein heiliger, gerechter Volkskrieg, wobei die Sowjetunion die Hauptlast auf sich nahm und durch ihr Durchhalten halb Europa befreite. Für die 40 Nachkriegsjahre hat sich diese Sichtweise kaum geändert. Bloß wurde nach der Entstalinisierung unter Chruschtschow die Losung „Fürs Vaterland, für Stalin" reduziert und nachfolgend nur in ihrem ersten Teil zitiert.

Der Krieg, wie er heute geworden ist

Der Höhepunkt der Gorbatschow-Perestroijka auf der Weltbühne war der Abzug der sowjetischen Truppen aus Deutschland und den anderen Ländern Osteuropas, der manchmal an eine panische Flucht erinnerte. Alte Generäle und einfache Menschen sagten, Gorbatschow hätte „Europa preisgegeben", während „fortschrittliche Intellektuelle" sofort zur Widerlegung unzähliger „vorsintflutlicher Dogmen" übergingen.

Das Hauptdogma bestand ihrer Meinung nach darin, zu behaupten, daß es wirklich ein gerechter Krieg war. Stalin hatte mit Hitler die Teilung Europas vereinbart und wollte es ehrlich teilen, aber Hitler hatte ihn betrogen und heimtückisch angegriffen. Der Kremlherr hatte einfach Pech gehabt. Zum Hauptereignis der Vorkriegsgeschichte wurde der Molotow-Ribbentrop-Pakt erklärt. Die militärischen Niederlagen von 1941 wurden durch Leichtgläubigkeit, Dummheit und manchmal auch Feigheit Stalins erklärt sowie durch die brutale Ausrottung der Generalität im Laufe der Vorkriegssäuberungen. Die Rolle des Westens vor und während des Krieges begann man als ausschließlich ehrlich und edelmütig im Unterschied zu der der Sowjetunion zu betrachten.

Ein anderes Dogma bestand darin, daß es ein Volkskrieg war. Aber, behaupteten einige Intellektuelle, das Volk wollte gar nicht so sehr in den Krieg ziehen, die Leute wurden vielmehr unter der Drohung von Maschinengewehren an die Front getrieben, es gab Millionen von Deserteuren und Überläufern.

In der traditionellen sowjetischen Geschichtsdarstellung war General Dimitrij Karbysschew der symbolische Held des Kriegs. Er wurde von den Nazis zu Beginn des Krieges gefangengenommen. Nach mehrmonatigen vergeblichen Versuchen, ihn zum Verrat zu bringen, wurde er so lange mit eiskaltem Wasser übergossen, bis er sich in eine Eisstatue verwandelt hatte. Das ist kein Mythos, sondern eine wahre Geschichte.

In einer neuen Fassung der Kriegsgeschichte versucht man nun, General Andrey Wlassow als ein heroisches Symbol darzustellen. Wlassow war einer der Vertrauensmänner und Lieblingsgeneräle Stalins; 1941 geriet er bei Leningrad in Gefangenschaft, und nach einer entsprechenden Bearbeitung erklärte er sich bereit, die sogenannte Russische Befreiungsarmee (ROA) anzuführen, die von den Nazis aus Überläufern und Kriegsgefangenen sowie früheren Emigranten gebildet wurde, die bereit waren, mit den Deutschen zusammenzuarbeiten. 1945 wurde Wlassow von den sowjetischen Truppen verhaftet und auf Beschluß des Kriegsgerichts erschossen.

Und nun versucht man, General Wlassow zu einem furchtlosen Ritter und Kämpfer gegen den kommunistischen Totalitarismus zu machen.

Gerechtigkeitshalber muß man betonen, daß zu einer solch krassen und beleidigenden Tatsachenverdrehung im Namen der angeblichen Zerstörung von Dogmen nicht akademische Historiker greifen, sondern Literaten und Publizisten, die sich bemühen, eine Karriere in trüben Zeiten der Entwertung und Umwertung aller Werte zu machen. Einmal angefangen, gehen sie diesen Weg bis zum Ende und behaupten, die Veteranen hätten „an der falschen Seite" gekämpft, die deutsche Armee betrat angeblich Rußland mit edler Mission, um es vom Totalitarismus Stalins zu befreien. Hitler, behaupten sie ferner, habe einen Fehler begangen, indem er die Bevölkerung der besetzten Gebiete grausam behandeln „ließ", und wenn nicht dieser „Fehler" gewesen wäre, hätte die Bevölkerung eine neue Ordnung bereitwillig akzeptiert, Stalin wäre gefallen, und Rußland hätte den geraden Weg der Zivilisation entlangschreiten können.

A. Kazura verallgemeinert viele ähnliche Meinungen und bemerkt: „Seinerzeit hatte man aus den Japanern und Deutschen alle imperialistischen Ansprüche mit Gewalt ausgetrieben. Das hat den beiden Nationen wirklich viel Nutzen gebracht. Uns war das nicht beschieden. Wir wurden von niemandem erobert".

Der Krieg, wie er hätte sein können

Viktor Suwurow, der gegenwärtig in London lebende ehemalige sowjetische Kundschafter, hat das Buch „Eisbrecher" geschrieben, in dem er zu beweisen versucht, daß Stalin im Sommer 1941 im Begriff war, Europa zu erobern, und daß Hitlers Angriff auf die UdSSR, der buchstäblich zwei Wochen vor Beginn der stalinschen Agression erfolgte, diesen Plan vereitelt habe.

Laut dieser Konzeption war es nicht Hitler, der den dummen und leichtgläubigen Stalin betrogen hatte, es war eben der hinterlistige Stalin, der nicht nur Hitler, sondern auch die ganze Welt beinahe betrogen hätte. Unter dem Deckmantel friedliebender Propaganda wollte Stalin Alleinherrscher Europas werden. Der deutsche Präventivschlag hätte also einen der grandiosen Eroberungskreuzzüge in der Geschichte der Menschheit vereitelt.

In Rußland wurde das Buch von Suwurow als eine Art Gotteslästerung verurteilt. Der Autor, so sagte man, hatte den gerechten Charakter und die Rechtmäßigkeit des Krieges angezweifelt, im Laufe dessen das Volk „das Rückgrat des faschistischen Tieres gebrochen hatte". Im Westen wurde das Buch ebenfalls als ein Versuch abgelehnt, Hitler reinzuwaschen und ihn nicht als den Agressor, sondern beinahe als ein Opfer der Agression und seinen Angriff auf die Sowjetunion als eine Präventivaktion darzustellen. Von beiden Seiten wird dabei darauf hingewiesen, daß Suwurows Konzeption nicht den historischen Tatsachen entspricht, von den bekannten Dokumenten widerlegt werden kann usw.

Ich kann hier nicht auf den Kern der Argumentation von Historikern eingehen, obwohl, wie mir scheint, Suwurows Darstellung wenigstens ein sehr wichtiges Geheimnis des vergangenen Krieges enträtselt — das Geheimnis der vernichtenden Niederlagen der Sowjetarmee im Jahre 1941. Wie konnte es dazu kommen: Das Land bereitete sich auf einen Krieg vor, es kannte seinen Feind, war bis zu den Zähnen militärisch gerüstet und ... erwies sich plötzlich als schwach, wehrlos und völlig unvorbereitet zum Widerstand! Gewöhnlich macht man für die Tragödie des Kriegsanfangs entweder Hitlers Hinterlist oder Stalins Charakter verantwortlich, wobei man dem letzteren „Starrsinn", „Selbstgefälligkeit" und sogar „Dummheit" und „Feigheit" vorwirft. Suwurow hat eine andere Erklärung vorgeschlagen. Nach dieser Erklärung waren die Sowjetunion und die Sowjetarmee zum Krieg bereit. Aber sie waren bereit zum Angriff und nicht zur Verteidigung. Der Einmarsch in Europa war für den August festgesetzt, Hitler aber ging im Juni zum Angriff über. Diese wenigen Wochen hatten nicht nur den Lauf des Krieges verändert. Nun war es ein ganz anderer Krieg — nicht der Krieg, auf den sich Stalin vorbereitet hatte und der hätte sein können. Die Nachkriegskarte Europas wurde ebenfalls nicht so, wie sie hätte sein können. Am Ende des Krieges hatte Stalin nicht den Ärmelkanal erreicht und „bloß" etwa ein Drittel Europas erobert (oder befreit?).

Man muß sagen, daß es keinen Grund gibt, Suwurow der „Gotteslästerung" zu beschuldigen. Daraus, daß sich Stalin auf eine Aggression vorbereitet hatte, folgt durchaus nicht, daß sich Hitler nicht auf eine Aggression vorbereitete und kein Aggressor war. Ebensowenig folgt daraus, daß der Große Vaterländische Krieg kein gerechter Verteidigungskrieg war. Meines Erachtens ist die Argumentation von Suwurow allzusehr emotional aufgenommen worden; sie wurde zunächst einmal abgelehnt, und erst dann begann man, sie zu analysieren.

Befreiung oder Unterjochung?

War die Niederlage Deutschlands und die Besetzung von früher okkupierten Territorien durch die Sowjetarmee eine Befreiung oder eine Unterjochung der Völker Osteuropas? Diese Frage ist nicht nur angesichts des 50. Jahrestages der Kapitulation Deutschlands aktuell. Dies ist nicht nur eine historische Frage, dies ist eine akute Frage der gegenwärtigen Politik. In ihrer Beantwortung finden die osteuropäischen Revolutionen der letzten Jahre ihre geschichtliche Legitimation. Die Lösung dieser Frage wurde zum Zeichen der politischen Identifizierung für die alten und neuen Staaten Osteuropas. Wenn aber diese Frage auf Rußland bezogen wird, so ist die Antwort darauf beinahe ein Kriterium für den Patriotismus der Betroffenen.

Die drei Versionen des Krieges sind zugleich drei Varianten der Antwort auf die Frage: Befreiung oder Unterjochung?

In der ersten Version liegt die Antwort auf der Hand: Die Sowjetarmee kam nach Europa mit einer Befreiungsmission. Es gibt viele Argumente zugunsten dieser Antwort. Die Sowjetarmee kam nach Europa als Verbündete der westlichen Demokratien. Sie wurde von den Völkern dieser Länder erwartet. Ohne die Sowjetarmee wäre es unmöglich gewesen, Europa in absehbarer Zeit vom Faschismus zu befreien. Die Sowjetsoldaten empfanden sich als Befreier, als sie den Boden Europas betraten.

Allerdings war es anders, als die Sowjetarmee in Deutschland einzog. Entgegen der offiziellen Doktrin Moskaus, nach welcher das sowjetische Volk nicht gegen das deutsche Volk, sondern gegen den deutschen Faschismus kämpfte (wie Stalin sagte, „die Hitlers kommen und gehen, aber das Volk bleibt"), kam der

Sowjetsoldat nach Deutschland nicht als Befreier, sondern als Rächer. Aber auch in diesem Fall war die Rache nicht mit der Versklavung gleichzusetzen.

Ebenso offensichtlich ist die Antwort, welche die zweite Kriegsversion gibt. Nach dieser Version bedeutete der Einmarsch der Sowjetarmee die Unterjochung. Dabei wird manchmal indirekt (oder auch direkt) vorausgesetzt, daß die faschistische „neue Ordnung" besser als die „neue Ordnung" Stalins war. Das ist im allgemeinen eine verständliche Aberration des Bewußtseins. Seit dem Krieg sind 50 Jahre vergangen, und die Schrecken des Faschismus scheinen nicht so grauenhaft gewesen zu sein. Es bleiben immer weniger Augenzeugen, über den Faschismus schreiben nun die Historiker, wobei das abstrakte Wissen selbstverständlich an Glaubwürdigkeit verliert gegenüber der unmittelbaren Erfahrung des realen Sozialismus.

Und schließlich die dritte Antwort im Sinne Suwurows: Faschismus und Stalinismus waren zwei aggressive Regimes, die gegeneinander gekämpft haben, um Europa zu erobern. Die Ironie der Geschichte besteht darin, daß im Endeffekt der Dritte gewonnen hat, nämlich die westlichen Demokratien, obwohl dieser Sieg fast ein halbes Jahrhundert nach der Kapitulation Deutschlands zustande kam.

Die Sieger selbst, also die westlichen Demokratien, halten sich de facto an diesen letzteren Standpunkt, der von der Interpretation Viktor Suwurows ausgeht. Für sie sind beide Regimes, das eine — der frühere Gegner, und das andere — der frühere Verbündete, gleichermaßen feindlich. Die im Sommer 1994 abgehaltenen Feierlichkeiten zum D-Day, dem Tag der Landung der alliierten Truppen in der Normandie, haben das mit großer Überzeugungskraft gezeigt. Rußland als offizieller Rechtsnachfolger der Sowjetuion wurde nicht einmal zu dieser Feier eingeladen. Das mag paradox scheinen, aber die Formel, die aus der Konzeption Suwurows folgt und die von den westlichen Historikern abgelehnt wurde, wird de facto von den westlichen Politkern (wenn auch, besonders in Deutschland, nicht einmütig) akzeptiert. Die Quintessenz dieser Formel läßt sich folgendermaßen zusammenfassen: Der Einmarsch der Sowjetarmee bedeutete für Osteuropa nicht Befreiung, sondern zweite Unterjochung.

Der Tag des Sieges — für wen?

Im Ergebnis kann man also zu dem Schluß kommen, daß der jetzige Tag des Sieges ein Feiertag der Besiegten ist.

Rußland begeht offiziell diesen Feiertag, aber rundherum passieren seltsame Dinge: Eins nach dem anderen verschwinden in den osteuropäischen Ländern die Denkmäler, die den Sowjetsoldaten gewidmet sind, die Europa vom Faschismus befreit haben, die russische Armee wurde geradezu mit Schimpf und Schande aus den alten und neuen Ländern Osteuropas vertrieben, in den baltischen Staaten und der Ukraine werden nationalistische Bewegungen wiederbelebt, die offen mit den Nazis kollaboriert hatten, ehemalige SS-Beamte bekommen staatliche Pensionen. Aber je stärker die Spuren des russischen Sieges von der Landkarte Europas und aus dem Gedächtnis der Menschen schwinden, desto stärker schließt sich um Rußland der Kreis der Feindseligkeit, desto pompöser werden die offiziellen russischen Feierlichkeiten, desto lauter werden die russischen Fanfaren, desto akuter wird im Lande die Unvermeidlichkeit eines Konflikts mit der ganzen Welt empfunden — eines Konflikts mit den ehemaligen Verbündeten im Zweiten Weltkrieg und ehemaligen Gegnern im Kalten Krieg, mit denen, die in Europa befreit wurden, und denen, von welchen Europa freigemacht wurde.

Rußland scheint in die Enge getrieben, dabei ist es von innen her gespalten. Diejenigen, die geneigt sind, den Krieg umzubewerten (in unserer Terminologie, ihn so zu betrachten, „wie er jetzt geworden ist"), schlagen praktisch vor, auf das Siegesbewußtsein zu verzichten und die ganze eigene Geschichte zu einer riesengroßen Niederlage zu erklären. Diese Haltung scheint defätistisch und unpatriotisch. Und je näher der Tag des Sieges rückt, desto leiser klingen die Stimmen derjenigen, die diese Einstellung verfechten. Diejenigen aber, die den Krieg nach wie vor so sehen „wie er war", fühlen sich erniedrigt und betrogen. Sie wurden des Sieges beraubt, der mit mehreren Millionen Menschenleben erkämpft wurde, ihr Triumph vor der Welt wurde gestohlen und entwertet. Es war ein Triumph der gerechten Sache, ein Triumph der Befreier, denn kein russischer Soldat suchte in Europa nach „Sklaven", „Lebensraum", Rohstoffen und Arbeitskräften. Ihre Welt wurde auf geradezu Orwellsche Art und Weise auf den Kopf gestellt: Ihr Sieg wurde zur Niederlage erklärt, und die Befreiung, die sie brachten, nannte man Sklaverei. Wenn auch die ganze Welt jetzt gegen sie zu sein scheint, entwickeln sie doch ein eigenes Bewußtsein der Gerechtigkeit ihrer Sache, das Gefühl, in einer belagerten Festung zu sein und die innere Bereitschaft, bis zur letzten Patrone auszuhalten.

In der Politik und der Ideologie bedeutet dies eine Tendenz zum radikalen Nationalismus. Aus dem Tag des Sieges wird in diesem Fall der Tag eines kommenden Sieges. Aus der jetzigen Erniedrigung wird die künftige Größe geboren.

Es erübrigt sich zu sagen, wie gefährlich diese Ideologie für das Land selbst wie auch für Europa und die Welt ist! Wenn sich die Besiegten unter dem Banner des Sieges vereinigen, wird der Tag des Sieges zu einem Tag der Revanche.

Die Sehnsucht der Welt nach Einigung

Zur Zeit haben viele Menschen den Eindruck, daß die bipolare Weltstruktur, die als Ergebnis des Krieges entstand und im Abkommen von Jalta verankert wurde, endgültig zerfallen ist. Die Sowjetunion ist von der Weltkarte verschwunden, Rußland ist schwach, seine ehemaligen Verbündeten (oder Satelliten, je nachdem) haben sich von ihm abgekehrt oder es hat sie selbst abgestoßen unter dem wirtschaftlichen oder politischen Druck aus dem Westen. Rußlands Stimme ist kaum hörbar im europäischen und internationalen Konzert.

Der Westen andererseits hat seinen Einfluß auf den ganzen riesengroßen euroasiatischen Raum ausgedehnt. Es wird die Ansicht vertreten, daß die Welt damit auf dem Weg zur Einigung wäre. Dies ist jedoch eine Illusion.

Wenn man die Frage theoretisch betrachtet, gibt es zwei Wege, um die Einigung der Welt zu erreichen. Der eine ist der Weg über Eroberungen. Der zweite besteht in der Ausarbeitung allgemeingültiger Regeln für die Koexistenz der verschiedenen Gesellschaften, Kulturen und Lebensstile. Der erste Weg ist ein realpolitischer, während der zweite, wie ich fürchte, eher ein utopischer ist, wenn man die Ergebnisse der Versuche betrachtet, derartige Regeln auszuarbeiten und in die Tat umzusetzen.

Die Welt sehnt sich nach Einigung. Wie läßt sich sonst die Tatsache erklären, daß die Weltgeschichte eine ununterbrochene Kette von großen Eroberungen ist: Alexander, Dschingis-Khan, Napoleon...? Das 20. Jahrhundert bildet kaum eine Ausnahme. Es zeichnet sich durch eine besondere Intensität der Versuche aus, die Einigung der Welt zu erzielen. Denn Hitlers Eroberungen genauso wie die beabsichtigten und nur zum Teil verwirklichten Eroberungen Stalins und der auf ihn folgenden sowjetischen Machthaber sind nichts anderes als Versuche einer Weltvereinigung.

Im Kampf gegen Stalin (und die Verbündeten) hatte Hitler ein Fiasko erlitten. Deutschlands Versuch, die Welt unter seiner Herrschaft zu vereinigen, war gescheitert. Nach dem Krieg begann eine neue Runde der Gegnerschaft. Die Atombombe machte breit angelegte Eroberungskreuzzüge unmöglich; lediglich kleinere Kriege waren vertretbar, ein großer Krieg konnte nur „kalt" sein, die Eroberungen wurden auf anderen Wegen erzielt. Das hat die Sowjetunion nicht verstanden, die sich dem neuen Sachverhalt nicht anpassen konnte und die deshalb verlieren mußte. Der Westen mit den USA an der Spitze hat gewonnen durch eine friedliche (oder besser gesagt „kalte", wie im „Kalten Krieg") Eroberung.

Doch auch dieser Weg wird letzten Endes nicht zum erwünschten Ergebnis führen. Alle Eroberungen, auch „kalte", sind immer provisorisch. Deshalb ist die Einigung der Welt· auf diesem Wege eine Illusion, genauso wie eine Vereinigung durch den Sieg der „Weltrevolution" illusorisch gewesen wäre.

Jede Eroberung, jeder Sieg ist ein Schritt zur Feindschaft und nicht zum Einvernehmen. Die Sieger verstehen das nie, und deshalb genießen sie ihren Triumph über die Sieger von gestern. Aber neben ihnen reifen schon die eventuellen Sieger von morgen heran. Weil die Sehnsucht der Welt nach der Einigung unzerstörbar ist.

Vom Sinn der
Vergangenheitsbewältigung
von Inge Lønning

„Hundert Jahre vergangen — Alles vergessen". So sagt die sprichwörtliche Volksweisheit meines Vaterlandes. In sprachlich variabler Kleidung gibt es überall in der Welt dieselbe Weisheit. Vergangenheit und Vergessen gehören scheinbar wesenhaft zusammen — eine Erfahrung, die zwar als tröstlich und erbaulich, zugleich jedoch auch als bedrohlich und bedauernswert empfunden werden mag. Ob die positive oder die negative Empfindung vorherrscht, wird davon abhängen, ob ich meine, auf die jeweilige Vergangenheit ausstehende Forderungen zu haben, oder ob ich mich eher in der Lage der Schuldner sehe. Wer meint, ausstehende Forderungen zu haben, möchte die Vergangenheit nicht gern der Macht der Vergessenheit abgeben. Wer sich als potentiellen Schuldner sieht, wird sich der Macht der Vergessenheit mit großer Zuversicht anvertrauen.

Doch mögen uns beide Empfindungen in die Irre führen. Keine Wahrheit darf unkritisch hingenommen werden, — die Wahrheiten der Volksweisheit auch nicht. Wenn es zwar zutrifft, daß weite Strecken der Vergangenheit sogar in sehr viel weniger als hundert Jahren in Vergessenheit geraten, gibt es auch geschichtliche Erfahrungen, die sich so tief eingeprägt haben, daß sie widerstandsfähig sind und der Macht der Vergessenheit standhalten. Jedenfalls über Jahrhunderte hinweg.

Es gibt Vergangenheit, die bewältigt werden muß. Die einzige Alternative, die unter keinen Umständen die Gesundheit der Gesellschaft fördert, wäre die gewaltsame Verdrängung.

Daß für die Völker Europas das Dritte Reich, der sogenannte Zweite Weltkrieg (eigentlich waren die beiden „Weltkriege" des 20. Jahrhunderts Akte der europäischen Tragödie, in die in steigendem Ausmaß die anderen Kontinente mit hineingezogen wurden) und die Befreiung 1945 der zu bewältigenden Vergangenheit angehören, bedarf keiner Diskussion. Die Epoche der Nachkriegszeit, die ganz unerwartet am 9. November 1989 zu ihrem Ende kam, war ein Zeitalter der getrennten, weithin auch der gegensätzlichen Versuche der Vergangenheitsbewältigung. Vielleicht sind wir heute, nach 50 Jahren, endlich so weit, daß wir wagen dürfen, nach einer *gemeinsamen* Vergangenheit zu fragen?

Eine solche Fragestellung ist nur sinnvoll, wenn es nicht nur die in der Erinnerung aufbewahrte eigene Vergangenheit der einzelnen Völker, Gruppen und Individuen, sondern auch eine wirklich gemeinsame Vergangenheit gibt. Ob das der Fall ist, läßt sich jedoch nur in, mit und unter dem gemeinsamen Versuch der Vergangenheitsbewältigung entscheiden. Der gemeinsame Versuch setzt aber eine Verständigung darüber voraus, worin die Aufgabe der Vergangenheitsbewältigung besteht. Was heißt Vergangenheitsbewältigung?

Zuerst und vor allem geht es darum, die Vergangenheit in ihrer Faktizität ernst zu nehmen. Nach Beliebigkeit und aktuellen ideologischen Bedürfnissen lassen sich zwar allerlei Bilder der Vergangenheit entwerfen. Was Menschen in der Vergangenheit verwirklicht haben, bleibt der Entscheidungskraft und dem Veränderungswillen der Nachwelt definitiv entzogen. Den ermordeten Opfern menschlicher Gewalttaten können wir in keiner Weise mehr zu Hilfe kommen. An den begangenen Ge-

walttaten und ihren Ergebnissen ändert die Verhaltens-
weise der Nachwelt gegenüber den Gewalttätern auch
nichts. Um die Mitte der 1980er Jahre formulierte auf einer internationalen Universitätskonferenz ein Sprecher
der polnischen Solidaritätsbewegung die kollektive Erfahrung seines Volkes mit dem Marxismus in folgender
Weise: „Der Marxismus besitzt keine Kraft, die Gegenwart zu verändern oder die Zukunft zu gestalten. Wenn
es darum geht, die Vergangenheit zu verändern, hat er
jedoch dafür unbegrenzte Kapazität." — Ideologische
Vergewaltigung der Vergangenheit ist immer ein Zeichen des politischen Unvermögens.

Nicht um der Vergangenheit, sondern um der Zukunft willen ist die Vergangenheitsbewältigung eine Forderung, die eingelöst werden muß. Eine menschliche Gesellschaft, die ihre eigene Vergangenheit in ihrer
Faktizität nicht unverkürzt zur Kenntnis nehmen will,
wird auch nicht fähig sein, für ihre eigene Zukunft unverkürzt die Verantwortung zu tragen. Und wenn wir
als Europäer beim Ausgang des 20. Jahrhunderts keine
gemeinsame Vergangenheit zu bewältigen haben, werden wir auch keine gemeinsame Zukunft zu verantwor-
ten haben.

Vom Jahre 1945 habe ich nur das Erinnerungsbild eines siebenjährigen Jungen. Das Bild trägt ein einfaches
Motto: Freude an der Freiheit. Der Freiheitsbegriff war
dabei in seiner Tiefgründigkeit keineswegs durchreflek-
tiert; um so tiefer hat sich der Eindruck der unmittelbaren, fast kindlichen Entfaltung der Freude der Erwachsenen in die Erinnerung geprägt. Irgendwie waren, vom 7.
bis 8. Mai, alle atmosphärischen Verhältnisse der gesellschaftlichen Wirklichkeit vom Grunde aus verwandelt
worden. Näher an ein erfahrungsbezogenes Verständnis
des Apostelwortes „Das Alte ist vergangen, siehe es ist

alles neu geworden!" (2 Kor 5,17) bin ich bisher nie gekommen.

Einen kalten Krieg als unmittelbare politische Zukunft hätte im Frühjahr 1945 kaum jemand sich vorstellen können, eine waffentechnologische Terrorbalance als
künftiges Sicherheitskonzept noch weniger. Daß aus den
Trümmerhaufen des zerschlagenen Dritten Reiches in
wenigen Jahren eine stabile deutsche Demokratie her-
vorwachsen würde, war andererseits genau so wenig
vorstellbar. Daß die Stabilität dieser Demokratie nach
vier Jahrzehnten eine Wiedervereinigung des geteilten
Deutschlands ermöglichen würde, war ein Gedanke, der
damals definitiv außerhalb des Bereichs des politisch
Vorstellbaren lag.

Das alles haben wir jedoch gemeinsam miterlebt. Was
tatsächlich geschehen ist, muß auch — *a posteriori* verstanden — irgendwie möglich gewesen sein, eine Einsicht, die dafür spricht, daß die klassische Definition von
Politik als der Kunst des Möglichen ergänzend dahin
präzisiert werden darf, daß es recht verstanden darum
geht, den Bereich des Möglichen zu erweitern.

Während des Zweiten Weltkrieges hat der amerikanische Theologe Reinhold *Niebuhr* in seinem Buch „The
Nature and Destiny of Man" (1941) die Formel „Moral
Man and Immoral Society" geprägt. Ob dadurch das
Grundproblem der Geschichte unseres Jahrhunderts
richtig erfaßt und auf die adäquate Formel gebracht worden ist, läßt sich 1995 noch nicht in überzeugender Weise
mit einem Ja oder Nein beantworten. Niebuhrs Einschätzung der Demokratie darf jedoch als realistisch und
durch die Erfahrungen der zweiten Hälfte des Jahrhunderts weithin bestätigt angesehen werden: „Das menschliche Vermögen, Gerechtigkeit zu üben, macht die Demokratie zu einer Möglichkeit; die Neigung des Menschen

zur Ungerechtigkeit macht die Demokratie zu einer Notwendigkeit."

Auf die Frage, ob er für die Schwächen der Demokratie als Regierungsform keinen Sinn hätte, soll Winston *Churchill* einmal die Antwort gegeben haben: „Gewiß, — das einzige Argument, das sich *für* die Demokratie als Regierungsform aufbringen läßt, ist, daß sämtliche Alternativen noch schlimmer sind." Das mag zwar wie eine verzagte Verteidigung der Demokratie lauten, hat jedoch die unbestreitbare Stärke der Erfahrungsbezogenheit. Durch jede neue Erfahrung mit den verschiedenen Spielarten des politisch-ideologischen Totalitarismus dürfte Europa in diesem Jahrhundert besser gelernt haben, daß die Demokratie die einzige Möglichkeit ist, die Gefahren der unbegrenzten und unbegrenzbaren Macht zu vermeiden. Angesichts der angeborenen Maßlosigkeit menschlicher Machtausübung heißt das eben auch, daß die Demokratie eine Notwendigkeit ist. Integrität der Person und Gleichberechtigung der Bürger gab und gibt es bisher in keiner Gesellschaft ohne Demokratie.

„Die Deutschen fangen erst heute an zu entdecken, was freie Verantwortung heißt", schrieb in seiner „Rechenschaft an der Wende zum Jahr 1943" Dietrich *Bonhoeffer* in seiner Tegeler Gefängniszelle in Berlin. Eindringlicher als alle seine Zeitgenossen hat er m. E. in seiner Isolation die sozialpsychologische Dynamik des Dritten Reiches analysiert und somit auch „die große Maskerade des Bösen" entkleidet:

> „Die große Maskerade des Bösen hat alle ethischen Begriffe durcheinander gewirbelt.
> Daß das Böse in der Gestalt des Lichts, der Wohltat, des geschichtlich Notwendigen, des sozial Gerechten erscheint, ist für den aus unserer tradierten ethischen Begriffswelt Kommenden schlechthin verwirrend; für den Christen, der aus der

Bibel lebt, ist es gerade die Bestätigung der abgründigen Bos-
heit des Bösen." (Widerstand und Ergebung, Neuausgabe 1970, S. 12)

Überraschenderweise hat der Theologe Bonhoeffer
das sozialethische Grundproblem, so wie es sich nach
zehn Jahren Erfahrung mit dem Dritten Reich gestellt
hat, nicht in der Bosheit der Bösen, sondern in der
Dummheit der durchschnittlich Wohlwollenden lokali-
siert. Die Bosheit bleibt Ausnahme und Privileg der Wenigen, erst durch die Kooperation mit der Dummheit der
Vielen kann in der menschlichen Gesellschaft die Bosheit
der Wenigen schicksalhafte Tragweite gewinnen. Und
die Dummheit ist nicht ein intellektueller, sondern ein
menschlicher, ein moralischer Defekt. Die Dummheit ist
die allgemein verbreitete, immer gegenwärtige Disposi-
tion oder Tendenz, sich von Manifestationen menschlicher Machtentfaltung imponieren zu lassen. Der folgende Abschnitt von Bonhoeffers Gefängnisüberlegungen
mag in der Zukunft als einer der dichtesten und sub-
stanzreichsten politischen Texte des 20. Jahrhunderts be-
wertet werden:

> *„Dummheit ist ein gefährlicherer Feind des Guten als Bos-*
> *heit. Gegen das Böse läßt sich protestieren, es läßt sich bloß-*
> *stellen, es läßt sich notfalls mit Gewalt verhindern, das Böse*
> *trägt immer den Keim der Selbstzersetzung in sich, indem es*
> *mindestens ein Unbehagen im Menschen zurückläßt. Gegen*
> *die Dummheit sind wir wehrlos.*
> *Weder mit Protesten noch durch Gewalt läßt sich hier etwas*
> *ausrichten; Gründe verfangen nicht Tatsachen, die dem eige-*
> *nen Vorurteil widersprechen, brauchen einfach nicht geglaubt*
> *zu werden — in solchen Fällen wird der Dumme sogar kri-*
> *tisch –, und wenn sie unausweichlich sind, können sie einfach*
> *als nichtssagende Einzelfälle beiseitegeschoben werden...*
> *Um zu wissen, wie wir der Dummheit beikommen können,*
> *müssen wir ihr Wesen zu verstehen suchen. Soviel ist sicher,*

daß sie nicht wesentlich ein intellektueller, sondern ein menschlicher Defekt ist. Es gibt intellektuell außerordentlich bewegliche Menschen, die dumm sind, und intellektuell sehr Schwerfällige, die alles andere als dumm sind. Diese Entdeckung machen wir zu unserer Überraschung anläßlich bestimmter Situationen. Dabei gewinnt man weniger den Eindruck, daß die Dummheit ein angeborener Defekt ist, als daß unter bestimmten Umständen die Menschen dumm gemacht werden bzw. sich dumm machen lassen. Wir beobachten weiterhin, daß abgeschlossene und einsam lebende Menschen diesen Defekt seltener zeigen als zur Gesellung neigende oder verurteilte Menschen und Menschengruppen. So scheint die Dummheit vielleicht weniger ein psychologisches als ein soziologisches Problem zu sein. Sie ist eine besondere Form der Einwirkung geschichtlicher Umstände auf den Menschen, eine psychologische Begleiterscheinung bestimmter äußerer Verhältnisse. Bei genauerem Zusehen zeigt sich, daß jede starke äußere Machtentfaltung, sei es politischer oder religiöser Art, einen großen Teil der Menschen mit Dummheit schlägt. Ja, es hat den Anschein, als sei das geradezu ein soziologisch-psychologisches Gesetz. Die Macht der einen braucht die Dummheit der anderen. Der Vorgang ist dabei nicht der, daß bestimmte — also etwa intellektuelle — Anlagen des Menschen plötzlich verkümmern oder ausfallen, sondern daß unter dem überwältigenden Eindruck der Machtentfaltung dem Menschen seine innere Selbständigkeit geraubt wird und daß dieser nun — mehr oder weniger unbewußt — darauf verzichtet, zu den sich ergebenden Lebenslagen ein eigenes Verhalten zu finden."

(Widerstand und Ergebung, S. 16ff.)

Die Beobachtungen und Erwägungen Bonhoeffers zum Phänomen der Dummheit haben in der Welt, so wie es heute aussieht, kaum etwas von ihrer Aktualität oder Sachgemäßheit verloren. Für die Interdependenz bzw. die gegenseitige Erhärtung von Machtentfaltung und Dummheit gibt es für jeden, der Augen hat, Beispiele genug — im großen wie im kleinen Format. Das Zusammenwirken von Macht und Dummheit läßt sich nicht nur in Zeiten außerordentlicher Dramatik, sondern auch unter normaleren geschichtlichen Umständen als eine Spiralbewegung spüren, die zwangsweise abwärts führt, weil die menschliche Integrität sämtlicher Teilnehmer durch den Prozess des Zusammenwirkens gefährdet, verringert und zuletzt aufgelöst wird. Der Integritätsverlust verbindet Führer und Geführte, bzw. Verführer und Verführte in einer Schicksalsgemeinschaft der Unmenschlichkeit. Im Gefüge der gesellschaftlichen Rollenspiele stehen wir übrigens alle in der Gefahr, beiderlei Rollen unkritisch zu akzeptieren und zu spielen.

Ist es wahr, daß gegen die Dummheit selbst die Götter vergeblich kämpfen? Das gehört zu den Fragen, die, solange die Geschichte dieser Welt noch weiter geht, offen bleiben. Was den Widerstand der *Menschen* betrifft, tragen wir eben durch unsere Vergangenheitsbewältigung indirekt zu einer positiven oder negativen Antwort bei. Der scheinbar erfolglose Widerstand wird in seiner Zukunftsträchtigkeit eine größere Tragweite haben können als die Machtentfaltung, durch die er gewaltsam beseitigt wurde. Denn die Macht der freien Verantwortung und der exemplarischen Selbsthingabe ist anderer Art und hat eine andre Wirkungsgeschichte als die Formen der Machtentfaltung, die gerade in ihrem unmittelbaren, dumm machenden Erfolg zugrundegehen.

Mit Recht hat Bonhoeffer die Dummheit als eine sozialpsychologische Begleiterscheinung bzw. Voraussetzung bestimmter Formen der Machtentfaltung definiert. Widerstand können wir dadurch leisten, daß wir einerseits Kriterien zur Unterscheidung von legitimen, in freier Verantwortung und freiem Gehorsam gründenden und illegitimen Machtrelationen entwickeln, andererseits unsere gemeinsame, stets gegenwärtige Tendenz, uns von den illegitimen Formen der Machtentfaltung imponieren und somit dumm machen zu lassen, konsequent und durch gemeinsame Strategien bekämpfen.

Die Erinnerung ist die spezifisch menschliche Ausrüstung, die es uns ermöglicht, im Lichte der Hoffnung die Gegenwart auf eine bessere Zukunft hin zu gestalten. Die Möglichkeit zu ergreifen, ist der Sinn unserer gemeinsamen Vergangenheitsbewältigung.

Etappen einer Annäherung an Deutschland

von Gonsalv K. Mainberger

Die Begegnung mit Deutschland verlief in mehreren, zeitlich gestaffelten Etappen. Die erste ist rein phantasmagorisch, der Phantasie eines Buben der Ostschweiz entsprungen, dem der Vater vom „goldenen Mainz" erzählte, ein Onkel vom Jungbrunnen „Bad Kissingen" schwärmte, eine Verwandte aus Deutschland vage etwas von Arbeitslagern andeutete, die Mutter entsetzt, aber nur bruchstückhaft Szenen aus den „Moorsoldaten" schilderte. Das Buch stuften wir freilich als romaneske Fiktion ein.

Eine zweite Etappe fiel in die Gymnasialzeit. Amerikanische „Fliegende Festungen" überflogen die Ostschweiz, am hellichten Tag fielen Bomben auf Friedrichshafen (von wo aus um 1932 der Zeppelin zu einer eigens zum St. Galler Kinderfest bestellten Rundfahrt gestartet sein mußte). Als Kadetten wurden wir in die „Ortswehr" eingeteilt und imaginierten, mit einem Uraltmodell von Karabiner bewaffnet, den Kampf gegen den erwarteten deutschen Aggressor. Eine abenteuerliche und eine durch und durch abstrakte Angelegenheit zugleich war das.

Gleich nach Kriegsende versuchte ich, über Vermittlung des Schweizerischen Studentenvereins nach Deutschland zu gelangen. Vergeblich.

1950 dann die erste Reise von Fribourg über Basel rheinabwärts nach Walberberg (mit der Ermahnung meines damaligen Oberen im Ohr, wir sollten uns bescheiden aufführen in dem vom Kriege heimgesuchten Land). Walberberg, eine damals berühmte Klostersiedelung zwischen Bonn und Köln. Neugier war im Spiel und eine geradezu perverse Lust-Trauer vor all den Trümmern des untergegangenen Köln ... Wir zwei Schweizer lauschten gespannt den vorsichtigen Erzählungen von Mitbrüdern über „den Krieg", den Rußlandfeldzug, den Westwall, auch über die unterschiedlich bewertete britische, französische und amerikanische Gefangenschaft. Nachhaltig verschoben, wenn nicht gar verzerrt hat sich mir das Bild von Deutschland durch den Umstand, daß ich als Schweizer (fast) überall und von (fast) jedermann als eine Art Heilsbringer betrachtet wurde. Die Gründe für diese gegenseitigen Projektionen lagen allerdings in der gänzlich anders gearteten Geschichte der beiden Länder. ‚Die Deutschen' wollten sich dankbar erweisen — als Schweizer spielten wir noch so gerne die Unschuldsknaben.

Als eine längere Kette von Etappen folgten dann in regelmäßigen Abständen die Teilnahmen an den Tagungen der *Philosophischen Arbeitsgemeinschaft der Albertus Magnus-Akademie Walberberg*. Prototyp eines nun wirklich atypischen Deutschen war P. Paulus Engelhardt OP, Initiator und geschickt-gewitzter Mentor dieser wohl einmaligen Veranstaltungen (die heute noch stattfinden) mit ihren unzähmbaren Teilnehmern. In wahrlich bescheidenem, weil eben nicht-universitär-repräsentativem Rahmen gediehen die ganz persönlichen, jedoch streng an der ‚Sache' der Philosophie und ihrer Geschichte orientierten Begegnungen: mit den bereits etablierten, mit den geförderten, mit den noch alles erst versprechenden Repräsentanten deutscher Denker und Streiter um die wahre Wahrheit. Da war einmal „der" Hermeneut (H.-G.

Gadamer), der faszinierende, aber schreckeneinflößende Heidegger-Scholastiker (K.-H. Volkmann-Schluck), dann der philologisch versierte Platonkenner (P. Wilpert), der vielgeschmähte Thomist (G. Siewerth) — *ex aequo* dann die damaligen Anfänger bzw. Assistenten, an deren brillanten bis verstiegenen Beiträgen die künftige Laufbahn sich bereits damals deutlich abzeichnete (G. Bien, W. Kluxen, D. Henrich, M. Riedel, N. Hinske ...). Unvergeßlich die Interventionen des Linguisten Joh. Lohmann und des Jesuiten J.-B. Lotz. Am Rednerpult traten auch Margot Fleischer und Irene von Reitzenstein auf. So prägte sich die vielgestaltige, eher mäandrische Spur des philosophischen Deutschland für immer ein.

Durch Empfehlung von Prof. K.-H. Volkmann-Schluck dann erstmals als Humboldt-Stipendiat in Köln 1967-68. Nach Lehrtätigkeiten im ehemaligen Congo belge und in La Sarte (Belgien) nun ein Land, das, so meinte ich, auf Anhieb lebbar sein würde. Im Gegensatz etwa zu Frankreich — und zur französischen Philosophie — ist mir aber Deutschland nie vorbehaltlos als lebbar, der deutsche Denkstil nie als unbedingt nachahmenswert erschienen.

Die Studenten waren im Aufruhr, die Uni ein einziger Kampfplatz, ein Ort der Parolen und Resolutionen, die überlaute Agitation eine kompakte Hintergrundmelodie im offiziellen wie im privaten Leben, bei Diskussionen und zahlreichen Begegnungen. Sit-ins und Vollversammlungen am laufenden Band. In Berlin wird Rudi Dutschke niedergeschossen, in Amerika Martin Luther King ermordet. Die Generationen drifteten unaufhaltsam auseinander.

Eher unbeteiligt ließ ich diese teilweise barbarisch verlaufende Revolte an mir abgleiten. Die Mechanismen

sozialer Umwertungsstrategien und kritischer Stellung-
nahmen gegenüber den bestehenden Verhältnissen
schrieben sich allerdings ins Denken und Fühlen ein. Sie
konvergierten zudem mit den Wissenskompetenzen der
damals aktuellen Entmythologisierung und der struktu-
ralen Analyse. Wie stark das alles nachwirkte, wurde mir
immer erst dann bewußt, wenn ich in die insgesamt
schläfrig-umbruchscheue Schweiz zurückkehrte und
dort arbeitete.

Doch was (und wer) entschied letztlich über die Qualität und den Gewinn des klar als *Forschungsaufenthalt*
programmierten und auferlegten Jahres? Es waren die
Lehrveranstaltungen und Kolloquien bei Prof. Volkmann-Schluck sowie die privaten Gespräche mit ihm
und seiner geschätzten Gemahlin daheim. Das Seminar:
50 Teilnehmerinnen und Teilnehmer, Textvorlage war
Aristoteles' Traktat *Vom Himmel*. Peinlich exakter Nach-
vollzug der unsäglichen „Berechnungen" und Beweis-
führungen war angesagt. Aristoteles hat sie spekulativ
konstruiert mit dem Ziel, seine eigene ‚Kybernetik' samt
der Bewegungsgestalt des ptolemäischen Himmelssy-
stems als absolut notwendig nachzuweisen. Den beiden
Lehrern — in einer Person verschmolzen — mußten wir
folgen und waren schließlich wie übermannt vom philo-
sophisch-denkerischen Resultat: Aristoteles' Kosmologie
und Himmelstheorie seien fehlerfrei und für jeden Menschenverstand aller Zeiten von zwingender Konsequenz
und Kohärenz. Und Galilei? Und Kepler oder gar New-
ton? Davon keine Rede. Es ging nun einmal um Aristoteles und um nichts sonst. Wirklich?
Ich leite davon ein erstes Paradigma ‚Deutschland'
ab. Wie alle Paradigmen ist es von beinahe fahrlässiger
Simplizität und funktioniert über Konstanten und Varia-

blen: die ‚deutsche' Philosophie mit ihren Vorteilen einer untrüglichen Wissenschaftlichkeit (als *Konstante*) und ihren klaffenden Lücken (als *Variable*). Erstere: in einer Zeit der um sich greifenden Agitation wurde philosophiert und der Rest der Welt ausgeblendet; letztere: es lag ein düsterer Hauch von unantastbarer, nie und mit niemandem nach ‚unten' teilbarer Autorität über dieser Denkungsart. Von der französischen Philosophie her war ich anderes gewohnt.

Die nächste Etappe war der Münchener Aufenthalt 1981/82 als Gastwissenschaftler. Nun kam offensichtlich, wie ich bald erfahren sollte, kein unbeschriebenes Blatt aus der Schweiz ins Philosophische Seminar der Universität. Prof. R. Spaemann war ausgesucht korrekt und unmißverständlich distanziert, ebenso ein luzid argumentierender Denker wie kompromißlos bekennender Katholik. Unausgesprochen und uneingestanden galten *a priori* unterschwellige Grenzen. Sie markierten den alles beherrschenden, *jenseits* aller Wissenschaftlichkeit angesiedelten Raum. Sie hatten, obschon nie als solche deklariert oder diskutiert, als undurchlässig zu gelten. Dermaßen ideologisch festgefügte ‚Fakten' sind entweder zu respektieren oder dann halt zu ignorieren. Ganz im Sinn und Geist von *Fénelon* (François de Salignac de la Mothe Fénelon 1651-1715) herrschte im Seminar eine Atmosphäre rigoroser Austerität. Sie breitete sich über einem jederzeit jedermann zugänglichen Feld glasklarer, aber dennoch nicht szientistischer Argumentationen aus. Auch hier lernte ich den mir aus anderen Zusammenhängen geläufigen — aber in ganz andere Stoßrichtung zielenden — Gestus kennen, mit dem Fénelon sich in seiner *Lettre anonyme* (1793 oder 1794) an Ludwig XIV. wandte: „Vous vivez comme avec un bandeau fatal sur les yeux" (Ihr lebt wie mit einer verhängnisvollen Binde über den Augen). Auch Prof. Spaemann machte sich diesen Gestus gegenüber den seiner Meinung nach ‚Verblendeten' zu eigen.

München — ein Paradigma für ‚Deutschland'? Eine in dieser Stadt (nie?) verleugnete, unkorrumpierbare Intellektualität (als *Konstante*) ging einher mit der bayrischen Version eines mitunter unbeschwerten, handkehrum unberechenbar-rigoristischen Katholizismus (als *Variable*).

Und schließlich als Schlußetappe und persönlich als Höhepunkt empfunden, die Lehrtätigkeit an der Philosophischen Fakultät der Friedrich Schiller-Universität Jena 1991/92. Jetzt war ich (endlich) in Deutschland, nicht ‚nur' in der Bundesrepublik. *Die* Entdeckung: die weiten mitteleuropäischen Landstriche Mecklenburg-Vorpommerns, die Mark, die Ostseeinsel Rügen, dann natürlich der Thüringer Wald und das Erzgebirge. Nicht zu reden von den Städten Dresden, Wismar, Stralsund, Görlitz ... Unvergeßlich die große Ruhe und erstaunliche Unberührtheit rund um Norddeutschlands größten See, die Müritz. (Kein Wunder, war sie doch, einst für die Fürsten, bis vor kurzem noch für die Nomenklatura, beliebtester Jagdgrund für die einen wie die andern.) In *Caspar David Friedrichs* ergreifenden Werken spiegelten sich, in romantisch-deutscher Überhöhung, das Naturwunder Rügen ebenso wie die Ruine Oybin.

Die Begegnungen mit Menschen verliefen eigentlich wie überall in der Welt sonst. In einer etwas engen Altwohnung im Plattenbau lernten meine Frau und ich einen Logiker und Wittgensteinspezialisten aus Halle (damals wahrscheinlich bereits abgewickelt) und seine zweite Frau, im akademischen Beruf als Mitherausgeberin der Gesammelten Werke von *Karl Marx* (147 Bände) tätig, kennen. Der Dozent erzählt von seiner Aufgabe, als beauftragter Wissenschaftler und Politoffizier die Soldaten zu indoktrinieren. Er erhält, wie damals üblich, einen vorgedruckten Text. Liest ihn, wie etwa kirchliche Beamte einen bischöflichen Erlaß halt lesen. Ohne jede persönliche Stellungnahme, als unbeteiligtes Sprachrohr des Systems. Die meisten Soldaten dösen vor sich hin. Aussteigen? Der Preis schien allzu hoch. „Ich war und bin Sozialist." In Halle wurde, im Zuge der Wende, ein neues Universitätsgesetz ausgearbeitet. Es enthielt u. a. die Formulierung, „berufen werden können jedwelche Anwärter deutscher Zunge." Das Gesetz kam nicht durch. Die Berufungen liefen wie gewünscht, nämlich nach ausschließlich westdeutschen Kriterien und aufgrund des dort üblichen Zungenschlags.

Die meist jüngeren Semester in Jena sorgten in der Vorlesung und im Seminar für gute Stimmung durch ungebrochene Wißbegierde, durch Kommunikationsbereitschaft und durch den niedrigen Grad an Ideologienanfälligkeit. Eigentlich überraschend, wo ich doch, in verschärfter Wiederholung der entsprechenden Auseinandersetzungen in der Schweiz in den 70er Jahren, wirkliche und waschechte Marxisten erwartet hatte. Ich weiß heute noch nicht, wo sie eigentlich geblieben sein mochten. Zweifel über die Kompetenz der Studentinnen und Studenten zu selbständigem, kontrovers geführtem Argumentieren, Behaupten und Widerlegen, überkamen mich. Sie wurden durch die Qualität der eingereichten schriftlichen Arbeiten teilweise bekräftigt.

Was war die DDR? Vielleicht sollte ,Volkes Stimme' doch nicht ganz ungehört bleiben und vergessen gehen. Auf einer kurzen Fahrt von Zwätzen zurück ins Stadtinnere von Jena tönte es so: „Wir waren oft beisammen. Wir waren ja auch alle voneinander abhängig. Ich habe viele alte Verwandte. Denen verschaffte ich Apfelsinen. Die waren von der Kommune zugeteilt; es standen jeweils an die 200 Leute an. Ich versorgte meine Berliner Verwandten auch mit Trauben aus Bulgarien, wo wir im Wohnwagen hinfuhren. Ich mußte körbeweise Trauben wenden, in Papier einwickeln, Sorge tragen und dann an die Verwandten weitergeben. Aber die erbärmlichen Kretins (sic!), sie hatten alles, aus Sonderläden." Und die Frau des Automobilhändlers und Garagisten fährt fort: „Wir sind jetzt geschäftlich selbständig. Wir haben ja von nichts eine Ahnung. Aber wenn uns die Wessis für blöd einstufen, sollten sie doch erst einmal fünf Jahre unter hiesigen Bedingungen gearbeitet haben, dann wollen wir vergleichen. Bei den Garagenbesitzern, die aus dem Westen kamen, waren viele Kanaken dabei, Lumpen, die uns übers Ohr hauen wollten. Jetzt haben wir einen guten Partner aus Kassel. Wir arbeiten gerne." Es war wie ein Echo auf das Motto auf einem Türsturz des kleinen Bürgerhauses in Sternberg: *Fortuna trahente laboro pro posse 1774* (Von Fortuna gezerrt, arbeite ich soviel ich vermag).

Jena ist sehr wohl ein Paradigma ‚Deutschland'. Jenaglas, der alt-neue Zeiss, etwas rückversetzt dann die charmante ehemalige Liegenschaft des Verlagshauses Frommann, unübersehbar, aber nur noch in Gedenktafeln auf nichtssagenden Fassaden präsent die Namen Hegel, Fichte, Schiller, Ernst Abbe ... (als *Konstanten*). Noch ragt der unförmige, lebensfeindliche 26stöckige Turm über dem Städtchen auf, Handwerker und Detailhändler werden verschwinden, winkt doch weit draußen der Großverteiler ‚Kaufland'. Die neue Konsumkultur nimmt unaufhaltsam ihren Lauf (als *Variable*).

Im Laufe der Zeit und unter dem Gebot des Schreibens wurde mir Deutschland mehr und mehr zur *hypothetischen* Größe. Je genauer das Detail, um so unübersehbarer das große Ganze. Je allgemeiner, je größer und mächtiger der Körper ‚Deutschland' erscheint, um so eindringlicher das Dementi von seiten des einzelnen, der Person, ihrer unverwechselbaren Situation und Bedingtheiten. Es sind Bedingtheiten, die keinerlei Anhalt im Unbedingten, im Absoluten haben. Durch seine Geschichte verkörpert ‚Deutschland' eine Vergangenheit und damit eine Vergänglichkeit, die Deutsche als ihre Geschichte realisierten und die andere Deutsche in Würde und Verantwortung vor der Geschichte zu realisieren und zu tragen haben. Welches ‚Deutschland' ist es also, dem ich mich näherte und das sich bei genauerem Zusehen in seine eigene, verbrecherische und zugleich würdevolle Vergänglichkeit auflöst?

Diese Zeilen sind der Versuch, mir vor mir selbst und vor den Deutschen — vor den mir bekannten und von mir geachteten, ja geliebten deutschen Frauen und Männern wie vor dem großen, unbekannten Volk — Rechenschaft abzulegen. Dieser Versuch ist ein Stück Rede, auf ein paar Seiten niedergeschrieben. Sie ist von einem ziemlich einfachen, aber alles beherrschenden *rhetorischen* Modell geleitet und organisiert. Das Modell selbst gehört zur Gattung der ‚Prunkrede'. Also handelt es sich bei vorliegendem Versuch um eine sprachliche *Vorzeigehandlung*. Die Anfrage lautete, ‚Deutschland' vorzuzeigen. Es liegt im Wesen dieser Sprachhandlung, daß der Sprechende bzw. der Schreibende mitgezeigt wird. Ich konnte mich somit nicht nicht auch gleich selbst vorzeigen.

Das eben genannte Modell ist ein *sprachlicher* Vorspann. Es nimmt unausweichlich schon die Art und

Weise vorweg, wie man so etwas wie die Rechenschaft über Erfahrungen in einem fremd-vertrauten Land überhaupt machen kann. Nämlich einmal durch möglichst exaktes Vorzeigen. Das ist aber keine harmlose Geste. Denn alles Vorzeigen geht einher mit *Lob und Tadel*. Beides gehört zum Vorzeigen wie die beiden Seiten ein und derselben Medaille. Kaum hat man zum Lob angesetzt, verkehrt es sich in Tadel. Noch ist die Schelte nicht zu Ende, und schon wird sie vom Lob übertönt. Ein objektives Vorzeigen gibt es nicht.

Wäre somit ,Deutschland' nicht anders als alle anderen Länder auch? ,Die Deutschen' also nicht häßlicher und nicht freundlicher als zum Beispiel ,die Schweizer'?

Spezifisch für Deutschland ist und bleibt der Auftrag des Nicht-Vergessens, der aktiven *Memoria*. Sie ist und bleibt, wie alles radikal Vergängliche, ohne Bindung an Unvergängliches und ohne jede Absicherung durch ein Absolutes. Wohl aber bleibt sie für immer an Orte des Verbrechens und der Untaten ebenso gebunden wie an Räume untadeligen Verhaltens, vorbildlichen Fleißes und spekulativen Scharfsinns. Wissenschaftliche Artikulation, also historische Verdeutlichung und politische Solidarität, machen die Würde der vergänglichen Nation Deutschland aus. In ihr fließen beide Handlungen — Wissen und Entscheiden — zusammen und konstituieren so einen Leviathan mit menschlichem Antlitz. Wissenschaft und Solidarität arbeiten gemeinsam dahin und lassen davon nicht ab, bis das Unmögliche möglich, das Unverzeihbare verzeihbar wird. Die Bedingung dafür, daß es zu dieser sowohl individuellen sittlichen Tat wie zur zwischenstaatlich-politischen Konstellation überhaupt kommt, ist dann, aber auch erst dann geschaffen, wenn die Opfer zu „Sendboten werden, die sich an unser Gedächtnis wenden und sich dort ins Gedenken und

Andenken an sämtliche Opfer der Geschichte"[1] wandeln. Der Wandel ist mehr als nur in Ansätzen vorhanden. Ich möchte gerne noch eine deutsche vergängliche Nation erleben, die ihre Bescheidenheit als Größe lebt und zeigt.

---

[1] P. Ricoeur: Le Temps raconté. Temps et récit III, Paris 1985, 273; vgl. J.-M. Chaumont: Connaissance ou reconnaissance? Les enjeux du débat sur la singularité de la Shoah, in: Le débat 82, Gallimard Paris 1994, 69-89; O. Abel (Hg.): Le pardon. Briser la dette et l'oubli, in: 'autrement', série morale 4, Edition Autrement Paris 1991; H. R. Jauss: 'Tout comprendre, c'est tout pardonner', in: ders., Wege des Verstehens, München 1994, 49-83.

Vereinigung und Republik — eine australische Perspektive[*]

von Tim Mehigan

Australien — von Deutschland gesehen

Australien — große Insel, kleiner Kontinent, weite von Ureinwohnersagen umwobene Wüstenlandschaft, ein bevölkerungsarmes Urlauberparadies im tiefsten Süden „down under" — das sind die Bilder dieses Landes in der europäischen Vorstellung. Die Realität des Landes läßt sich mit diesen imaginären Bildern jedoch nicht vereinbaren, denn Australier — so eigenartig dies auch anmutet — sind ein Großstadtvolk, Australien selbst eines der urbanisiertesten Länder der Welt. Unermeßliche Weite neben Dichte, der Dichte des Großstadtraums — das gehört zu den auffälligsten Widersprüchen dieses Landes im ausgehenden zwanzigsten Jahrhundert.

Die ungeheure Entfernung, die in der geschickten Vermarktung Australiens in Europa über das Maß hinaus ausgebaut worden ist, scheint bei näherem Hinsehen jedoch weitaus geringfügiger zu sein. Australien ist nämlich nicht nur ausgesprochen städtisch, es ist auch in vielem ein europäisches Land. Seine Kolonialisierung, die übrigens zeitlich mit den Höhenflügen der deutschen Klassik zusammenfällt, wurde Ende des 18. Jahrhunderts von den Kolonialgroßmacht England zuwege ge-

---

[*]   Dieser Beitrag wurde für die „Evangelischen Kommentare" (Stuttgart) geschrieben und erschien in der Ausgabe Mai 1995.

bracht. Erst am Anfang des 20. Jahrhunderts konnten die letzten Entdecker die weiten Dimensionen des Landes endgültig ausmessen — mehr als hundert Jahre also mußten die weißen Siedler Australiens, denen im späten 19. Jahrhundert auch Deutsche in nicht geringer Anzahl zuzurechnen sind, in unwirtlicher Fremde mit der Ungewißheit und der Angst vor dem ungeheuren Ausmaß dieses Landes leben. Das Gefühl, zu einem selbständigen Land zu gehören, hat sich für die meisten Einwohner Australiens deshalb erst relativ spät entwickelt.

Aus heutiger Sicht, 93 Jahre nach der Einweihung seines ersten Bundesparlarments, blickt Australien auf eine Vergangenheit zurück, in der es an der Seite Großbritanniens in zwei Weltkriegen, danach an der Seite der USA in den zermürbenden Konflikten auf der koreanischen Halbinsel sowie in Vietnam mitgekämpft hat. Daraus geht hervor, daß die Zugehörigkeitsgefühle der Australier zur westlichen Welt mit erheblichen Verlusten an Leib und Leben — im Ersten Weltkrieg sogar mit prozentual größtem Soldatenverlust unter allen vertretenen Nationen — errungen und bezahlt worden sind.

Der fast unerwartete Wohlstand, der das Land in den Jahren nach dem Zweiten Weltkrieg durch den Export von Wolle und Rohstoffen zu einem der reichsten Länder der Erde, zum „lucky country" machte, ist seit den 70er und 80er Jahren den Realitäten der stark wettbewerbsbetonten Weltwirtschaft gewichen, wo selbst große Rohstoffreserven und eine traditionell mit guten Verkaufspreisen verwöhnte Landwirtschaft keine Garantie für immerwährenden Reichtum sein können. Die Umorientierung auf die globale Wirtschaft — ein schmerzhafter, noch unbeendeter Prozeß — ist im letzten Jahrzehnt ununterbrochen von den linksgerichteten Regierungen der Labor-Partei unter den Premierministern Hawke und

Keating durchgeführt worden. Diese Linkstendenz in der neueren Geschichte Australiens ist angesichts der politischen Entwicklung der meisten westlichen Industrieländer in derselben Zeitspanne, in der rechte Regierungen dominiert haben, eher ungewöhnlich.

Seit den kolonialen Anfängen des Landes als Strafkolonie für abgeschobene britische Straftäter (wo im puritanischen England selbst Kavaliersdelikte die unmenschlichsten Strafen nach sich zogen) scheint der Glaube an die Ethik der Fairneß, nach der man die Nutznießer des Wohlstandes möglichst quer durch alle sozialen Einteilungen im Lande verteilt wissen will, tatsächlich ungebrochen zu sein. Dies mag ein Grund sein, warum sich die sozial eingestellte Labor-Partei besonders auf Landesebene traditionell etwas leichter behauptet als ihr konservatives Gegenüber, die Liberalen. Diese konnten in den konservativen 50er und 60er Jahren noch von der Angst der Bevölkerung vor einer Invasion aus dem asiatischen Norden profitieren. Einem durchgängig konstruktiven Dialog mit den Ländern Südostasiens wurde dadurch aus dem Weg gegangen. Dies holt nun die seit elf Jahren regierende Labor-Partei nach. Ihr geistiges Erbe läßt sich bis in die Zeit des großen Durchbruchs unter Premierminister Whitlam Anfang der 70er Jahre zurückverfolgen. Das Ziel der gegenwärtigen Regierungspartei ist die Fortsetzung der wirtschaftlichen Einbindung Australiens in die florierenden Märkte Südostasiens. Hier muß die Bedeutung Japans — seit Jahrzehnten mit Abstand Australiens wichtigster Handelspartner — vor der aller anderen Länder betont werden.

Diese neue handelspolitische Ausrichtung Australiens auf die Länder Asiens insbesondere seit den 70er Jahren erweist sich vor allem als Anpassung an die Zustände der modernen Weltwirtschaft zur Sicherung des Lebensstandards seiner Bundesbürger. Dieser Lebensstandard orientiert sich dennoch gleichbleibend an Maßstäben, die im verstärkten Multikulturalismus der Nachkriegsjahre auf das alte „Mutterland" England sowie auf andere Länder Europas zurückgehen. Unter den wichtigsten dieser Ursprungsländer ist zweifelsfrei Deutschland, dessen Bedeutung nicht nur an der Zahl der Nachkommen deutscher Auswandererfamilien in Australien (etwa 4 % aller australischen Bundesbürger) zu messen ist, sondern besonders an der wichtigen Handelsbeziehung zwischen den beiden Ländern — auf der Skala der australischen Importe rangiert Deutschland gegenwärtig an vierter Stelle. Was Deutschland in der Welt tut und denkt, das ist in Australien also von Belang.

Deutschland — von Australien gesehen

Die deutsche Wiedervereinigung ist in Australien mit großem Interesse verfolgt worden. Sie ist als Höhepunkt eines Prozesses verstanden worden, der vom Durchsetzungsvermögen des bundesrepublikanischen Rechtsstaates und der Demokratie überhaupt wie auch vom Erfolg der sozialen Marktwirtschaft zeugt. Sie belegt die Richtigkeit eines Kurses, den der erste Nachkriegsbundeskanzler Adenauer einleitete und der die Zustände für die Wiedervereinigung Deutschlands im größeren Kontext der Vereinigung Europas gegeben sah. Logisch ist es daher nun, wenn Deutschland diesen Kurs beibehält und die Verständigung innerhalb Europas vertieft und vorantreibt.

Australien ist von der Schlüsselstellung Deutschlands als Land in der Mitte Europas — eine Mitte, die in Wahrheit immer schon weiter östlich gelegen hat als allgemein vermutet — nach wie vor überzeugt. Diese Mittelstellung, die Deutschland zum Treff- und Angelpunkt der Interessen zwischen dem ehemaligen sowjetischen Osten und dem kapitalistischen Westen gemacht hat, räumt Deutschland in der Folge eine Schlüsselrolle im weiter anwachsenden Europa ein. Australien begrüßt diesen Umstand wie auch die Chance Deutschlands, eine aktivere Rolle als bisher bei der internationalen Beilegung von Konflikten zu spielen, die, wie neuerdings in Somalia, den Einsatz von Blauhelm-Soldaten erforderlich machen. Erst eine erfolgreiche größere Beteiligung Deutschlands an internationalen Aktionen dieser Art könnte Aufschluß darüber geben, ob Deutschlands kürzlich erhobener Forderung nach einem ständigen Sitz im Sicherheitsrat der UN künftig beizupflichten wäre.

Was die Bedenken gegen diese größere internationale Rolle anbelangt, kann Deutschland zugute gehalten werden, daß eine fast 50 Jahre während Zeit der Wiedergutmachung beinah exemplarisch absolviert worden ist. Dies schließt den verantwortungsbewußten Umgang mit seiner Geschichte ein. Zu den Opfern dieser Geschichte sind nicht nur die Menschen zu zählen, die dem Kriegs- und Rassenhaß des Nationalsozialismus erlagen, sondern in gewissem Sinne auch die deutsche Nation selbst. Der Umgang mit der eigenen Geschichte, so sehr sie auf individueller Ebene unwichtig erscheint, muß immer Sache der Nation bleiben, die bewußte Auseinandersetzung mit der Geschichte daher ständig erneut betrieben werden.

Das Thema „Umgang mit Geschichte" hat seit dem Zusammenbruch des alten DDR-Staates neue Aktualität gewonnen. Gerade weil der Weg im Osten vom alten kommunistischen Staat zum neuen bundesrepublikanischen ohne eine bewußt praktizierte Politik der „Dekommunisierung" eingeschlagen werden konnte, muß jetzt besonders eindringlich nach der aktiven Komplizenschaft einiger prominenter Bürger mit den verruchten Aktivitäten des alten DDR-Staats — etwa als Informanten — gefragt werden. In diesem Sinne wird die Abrechnung mit der alten DDR wohl noch viele Jahre dauern. Im übrigen scheint mir das häufig benutzte Wort „Vergangenheitsbewältigung", das ein Ende des Umgangs mit Geschichte in Aussicht stellt (zu einem bestimmten Zeitpunkt wird die Vergangenheit irgendwie schon „bewältigt" worden sein), deshalb verfehlt zu sein, weil es nicht den inneren Sinn dieser unaufhörlich zu betreibenden Beschäftigung mit Vergangenem trifft.

Eine solche Auseinandersetzung von anderen zu verlangen, aber vor der eigenen Tür nicht zu kehren, wäre aber unsinnig. In dieser Weise zwingt Australien das Interesse an der Geschichte anderer Länder den bewußten Umgang mit der eigenen Vergangenheit auf, in der der Erfolg der Kolonialisierung Australiens auf Kosten der völligen Entrechtung, zum Teil auch systematischen Ausrottung ganzer Ureinwohnerstämme erzielt wurde. So sieht die Gesetzgebung der jüngsten Zeit unter der Keating-Laborregierung die Rückgabe ehemaliger Stammesgebiete bzw. die Entschädigung für deren Verlust an die weiße Bevölkerung vor.

Ein nicht unwichtiges Thema in Australien sind die rechtsradikalen und -extremistischen Ausschreitungen in Deutschland, die besonders in den letzten Jahren ein beunruhigendes Ausmaß angenommen haben. Hoyerswerda, Rostock und Solingen werden in der Imagination zu Leitbegriffen, die von der Last der Geschichte zeugen und den alten Verdacht gegen Deutsche richten, daß tiefe Ressentiments gegen Ausländer gehegt werden. Um so mehr fallen die Demonstrationen gegen solche Gewalt, an denen nach diesen Ausschreitungen in vielen deutschen Städten viele Tausende Bundesbürger beteiligt waren, ins Gewicht. Denn sie dienten Australiern zum Zeichen, daß die Gewalt gegen Ausländer auch in Deutschland ein Phänomen ist, das in westlichen Ländern eher über Grenzen hinweggeht, als daß es in den tiefsten Tiefen der deutschen Volksseele angesiedelt wäre. Die Bekämpfung dieses Extremismus durch die Staatsgewalt scheint generell mit einigem Erfolg erzielt worden zu sein. Gleichzeitig ist sie natürlich noch lange nicht vorüber. Der Extremismus in Deutschland scheint nämlich ein noch ungelöstes Problem zu sein, bei dem sich eine kleine Anzahl Jugendlicher (man spricht insgesamt von nur 6400 militanten Rechtsextremen) ihre Ängste und ihre Unzufriedenheit — aus ostdeutscher Sicht Unzufriedenheit mit dem Wiedervereinigungsprozeß — an schutzlosen Opfern abzureagieren versucht. Es mag ein getrenntes Phänomen sein, daß die radikale Partei der Republikaner bei der jüngsten Bundeswahl einen weiteren proportional hohen Stimmenverlust erlitten hat und im neuen Bundestag nicht vertreten ist. Dennoch kann diese Tatsache gleichzeitig als Zeichen der erfolgreichen Bekämpfung extremistischen Denkens in Deutschland gewertet werden.

Wo die belastete Geschichte Deutschlands den Verdacht der politischen Radikalität aufkommen ließ, überwiegt in den Nachkriegsjahren ein Verhalten der Vernunft und der Mäßigung. Dies scheint ein selbstverständlicher Teil der politischen Kultur Deutschlands geworden zu sein. Trotzdem darf man die Frage stellen, mit welchen Gefühlen in beiden Teilen Deutschlands die langsame Angleichung des Ostens an den Westen gegenwärtig aufgenommen wird. Während nämlich viele Bürger offensichtlich bereit sind, die Kosten der Wiedervereinigung in Form einer Solidaritätssteuer mitzutragen, finden andere diese Abgabe nicht akzeptabel und ärgern sich offen darüber. Wiederum andere scheinen für den Wiedervereinigungsprozeß nur Gleichgültigkeit zu empfinden und würden beispielsweise nie auf die Idee kommen, eine kleine Entdeckungsreise in den Osten zu unternehmen. Solche Leute lassen den Solidaritätszuschlag wohl nur widerwillig über sich ergehen. Es wird sich daher zeigen, ob eine Solidaritätssteuer, die aus den unterschiedlichsten Gründen und wohl zum Teil mit ganz unsolidarischen Gefühlen hingenommen wird, Solidarität in Deutschland herbeiführen kann.

Im ökonomischen Bereich generell setzen die deutsche Regierung und die Bundesbank derzeit den mäßigen Kurs weiter, der beiden Institutionen in Australien viel Lob eingebracht hat. Daß die finanziellen Kosten der Wiedervereinigung dem Land noch auf Jahre und Jahrzehnte zusetzen werden, ist natürlich bedauerlich, macht Deutschland aber gleichzeitig zum einzigen Land der Welt, das bei der langsamen Überwindung des Ost-West-Gefälles eine exemplarische Erfahrung im Dialog mit Osteuropa sammelt. So eignet sich Deutschland vor allen anderen Ländern für die Fortsetzung der politischen Rolle als Vermittler zwischen Ost und West, die ihm seine europäische Mittelstellung und die Ereignisse der jüngsten Geschichte zugedacht haben. Dies wird handfeste Vorteile für deutsche Firmen, die sich in den Ländern Osteuropas engagieren wollen, mit sich bringen.

Im Augenblick herrscht in Deutschland Uneinigkeit darüber, ob Deutschland als Einwanderungsland einzustufen ist (auch in der Regierungskoalition sind häufig widersprüchliche Aussagen zu hören). Eine solche Gesellschaft fußt auf dem Glauben an die grundsätzliche

Gleichheit aller Rassen und ethnischen Gruppen und setzt zugleich eine relative Offenheit gegenüber der Aufnahme von Einwanderern und Flüchtlingen aus anderen Ländern voraus. Diese Offenheit garantiert in Deutschland Artikel 16 der Verfassung. Niemand konnte aber bei der Gründung der Bundesrepublik und der Formulierung seiner neuen Verfassung schon ahnen, daß dieser Artikel in den Nachkriegsjahren zu einem nicht enden wollenden Zustrom von Gastarbeitern in den 60er und 70iger Jahren, Verfolgten und Aussiedlern in den 80ern und Asylsuchenden in den 80ern und 90ern führen würde. Was Deutschland an „Immigranten" auf diese Weise manchmal jeden Monat aufnehmen mußte, hat Australiens Einwanderungspolitik seit vielen Jahren als Jahresquote gedient — und das in einem Land, dessen geographische Dimensionen 31mal größer sind als die alte Bundesrepublik und das keine auf Land passierbaren offenen Grenzen hat. Erst kürzlich ist diese Entwicklung in Deutschland durch eine Änderung der Verfassung in Form des sogenannten Asylkompromisses gebremst worden.

Australien hat trotzdem immer als Land gegolten, das Einwanderer gern aufnimmt, wenn auch in der jüngsten Zeit mit dem Vorbehalt, daß potentielle Immigranten jetzt in der Regel entweder besonders im Land benötigte Arbeitskompetenzen oder im Rahmen des sogenannten Geschäftsimmigrationsprogramms den Besitz von ausreichendem Eigenkapital nachweisen müssen. Australien erfreut sich infolge dieser besonders seit den frühen 70er Jahren offenen Immigrationspolitik inzwischen des Rufes, eine multikulturelle Gesellschaft geworden zu sein. Niedergeschlagen hat sich solcher Multikulturalismus in der Vielzahl der fremdsprachlichen Zeitungen und der vom Staat finanzierten multikulturellen Rundfunk- und Fernsehsender, in den vielen ethnischen Sportmannschaften, in den Moscheen, Tempeln und Synagogen der verschiedenen Religionen, die neben den Kirchen und Kathedralen der christlichen Religion stehen, und schließlich in den ausgesprochen diversen Eßgewohnheiten der Australier, die längst keine speziell heimische Küche mehr kennen.

Diesem Bild der kulturellen Vielfalt steht allerdings das betrübliche Faktum gegenüber, daß die australischen Ureinwohner, die etwa ein Prozent der Gesamtbevölkerung stellen, immer noch zu hohe Kindersterblichkeitsraten aufweisen, in den Strafanstalten und Gefängnissen des Landes weit überrepräsentiert sind und in ihrer täglichen Erfahrung vielerorts noch immer Ablehnung und Mißtrauen begegnen. Dank einer von der Labor-Partei geführten aktiven Politik der Nationalversöhnung sind nun die Chancen auf eine nachhaltige Besserung dieser Situation gegeben.

Multikulturalismus hat einen grundlegenden sozialen Wandel in Australien mit sich gebracht. Durch die neue rechtliche Lage des Landes, die um die Beseitigung von Diskriminierung auf allen sozialen Ebenen bemüht ist, wird jetzt zum Beispiel allen Bürgern einschließlich neuen Immigranten grundsätzlich die Möglichkeit eingeräumt, Ämter im öffentlichen Dienst, im Erziehungswesen als Lehrer und Dozenten, sowie auf Bundes-, Landes- und Kommunalebene als Politiker zu bekleiden. Der Bürgermeister eines Stadtteils von Melbourne ist Vietnamese. Einige Abgeordnete der verschiedenen Landtage sprechen Englisch als ihre zweite Sprache. Nicht selten begegnet man auf der Straße Polizisten mit gelber, brauner oder schwarzer Hautfarbe. Kinder werden in einigen Grundschulen zweisprachig erzogen, Schulen, Krankenhäuser und andere öffentliche Einrichtungen sind je nach Stadtteil zwei-, drei- oder gar vier-sprachig ausgeschildert; in manchen Gegenden ist es Vorschrift, Kunden oder Patienten, die kein Englisch sprechen, Dolmetscher zur Verfügung zu stellen. Auf dem benachbarten Gebiet der Bekämpfung der geschlechtlichen Diskriminierung wird nach einem neuen Beschluß der Laborregierung ein 50 %-Anteil von Frauen in den leitenden Stellen der Behörden und Ministerien der Regierung bis zum Jahr 2000 angestrebt.

Multikulturalismus in Australien hat also mannigfaltige Formen angenommen. Er hat dazu geführt, daß sich ein ganz neuer Begriff eines Staatsbürgers durchgesetzt hat. Ein Staatsbürger wird demnach nicht nach Rasse oder Blutszugehörigkeit definiert, sondern bedeutet einen Bürger, der in einem Land lebt, sich diesem Land verbunden fühlt und darüber hinaus bereit ist, diesem seinem Land gute Dienste zu leisten. Er erwartet als Gegenleistung vom Staat den Schutz seiner Person und seines Rechts, sich in seiner kulturellen, konfessionellen und sprachlichen Besonderheit zu bewahren. Im multikulturellen Australien erschöpft sich Kultur daher nicht im gutmütigen Rausch der alljährlich gefeierten Volks- und Musikfeste, sondern ist lebendige Tradition, die sich auch im banalen Alltag präsentiert, ihre Rechte gegen die einer sich dominant wähnenden Monokultur einklagt, aber gleichzeitig dazu bereit ist, mit dem Glauben ans neue Land und dem Einsatz dafür diese Rechte zu rechtfertigen und zu verteidigen.

Multikultur dürfte im nationalen Rahmen gerade die Reflexbewegung des Prozesses sein, dem im internationalen Rahmen die fortschreitende globale Annäherung zugrundeliegt. Allein scheint im Bereich des Sozialen immer wieder gerade das hinterfragbar zu sein, was im Ökonomischen etwa beim Aufruf zum Abbau der Zollschranken, der zum GATT-Abkommen geführt hat, weit außer Frage steht. Unlogisch ist es daher, wenn das erstere verpönt bleibt, während das letztere im Namen des Gemeinwohls (sprich: der allgemeinen Verbesserung des Lebensstandards) buchstäblich herbeigesehnt wird. Eine zügellose multikulturelle Politik leuchtet allerdings ebensowenig ein wie eine besinnungslos betriebene Zusammenlegung der Weltmärkte. Aber neben dem, was zusammenwächst, weil es zusammengehört, lebt auch das her, was gerade in der Vielfalt seine Wurzeln schlägt. Bei ernsthafter Toleranz und entschlossenem Gemeinschaftssinn kann ein durchaus friedliches, ja für alle Bürger fruchtbares Zusammenleben erreicht werden — Australiens Erfahrung mit Multikulturalismus zeigt dies ganz eindeutig.

Insgesamt läßt sich feststellen: Als altes Land mit neuem Staat wird sich der Weg Deutschlands auch in Zukunft mit dem des jungen Staates Australien kreuzen. In Australien, das trotz seiner Unabhängigkeitsproklamation im Jahre 1901 faktisch eine Art konstitutioneller Monarchie mit entliehenen Regierungsmächten geblieben ist, hat nämlich die Laborregierung eine Diskussion eröffnet, die die Errichtung einer unabhängigen Republik mit Präsidialamt ungefähr nach deutschem Muster bis zum 100jährigen Staatsjubiläum im Jahre 2001 vorsieht. Nicht nur eine Mehrheit der Volksstimmen, sondern auch eine Mehrheit der sechs Bundesstaaten kann diese Idee aber erst Wirklichkeit werden lassen. Dennoch zeigt sich Australien wie Deutschland auf dem Weg zu einem neuen Selbstverständnis — ein Faktum, das beide Länder einander eigentlich sympathisch machen müßte. Da zu diesem Umstand eine wichtige ökonomische Partnerschaft wie auch eine an vielen Punkten gemeinsam durchlebte Geschichte noch hinzukommen, wäre die

Vertiefung der Beziehungen zwischen beiden Ländern in Zukunft so erfreulich, wie sie für beide auch weiterhin gewinnbringend bleiben dürfte.

Anmerkung:

Professor Joachim Kersten sei für wichtige Hinweise und Kritik ganz herzlich gedankt.

Die Normalität
der subversiven Demokratie

von Kenichi Mishima

Oft wirkt der von außen auf eine Nation gerichtete Blick verletzend; oft klaffen die zugewiesene Identität und das eigene Selbstverständnis auseinander. Einerseits werden die Deutschen von manchen Kreisen im Ausland als eine Nation preußischer Prägung betrachtet, die zwei katastrophale Kriege verschuldet hat; andererseits betrachten sie sich selbst als eine föderativ verfaßte, zivilisierte Nation im Herzen Europas. Einerseits wird die deutsche Mentalität von außen oft als seltsame Mischung aus Kleinmut und Überheblichkeit wahrgenommen; andererseits legen die Deutschen selbst Wert auf ihren libertären Lebensstil und ihre offene Streitkultur. Die Blitzaktion der Sondereinheit in Mogadischu im Herbst 1977 erweckte im Ausland (natürlich illegitime) Assoziationen an den braunen Spuk, während damals in Bonn behauptet wurde, man habe schweren Herzens die Entscheidung für den Einsatz von GSG 9 getroffen, vor allem, um die Demokratie zu verteidigen. Die darauffolgende Sympathisantenhetze erweckte im Ausland (natürlich legitime) Assoziationen an die keineswegs rühmliche Tradition der Ausgrenzungspraktiken in Deutschland, während viele am Biertisch meinten, die Aufrechterhaltung von Ordnung und Sicherheit, d.h. der Schutz der Bürger im Namen der *Freiheitlich Demokratischen Grundordnung* habe absoluten Vorrang. Die ersten Anzeichen der grünen Bewegung wurden in manchen Ländern, z.B. in Frankreich als Reaktivierung des nationalen Kulturbewußtseins empfunden, während diesseits des Rheins die Vertreter der Grün-Alternativen für die Menschheit insgesamt und für ihre Kindeskinder zu agieren glaubten. Derlei Beispiele lassen sich beliebig fortsetzen. Sicherlich ist die Trennung von Außenbetrachtung und Selbstbild relativer Natur. Trotzdem muß Deutschland, aber auch Japan, müssen also die beiden Auslöser-Nationen des Krieges bis auf weiteres mit dem Gefühl leben, nicht verstanden zu werden.

Der Blick von außen wirkt verletzend. Wenn mir ein koreanischer Freund sagt, die Japaner hätten sich ihrer Vergangenheit kaum gestellt, dann kann ich ihm gesenkten Kopfes nur recht geben, und zwar nicht nur, weil der Satz richtig ist. Er hat das Recht, das zu sagen. Wenn mir aber ein deutscher Intellektueller mit dem stolzen Hinweis auf die deutsche Leistung in Fragen der „Vergangenheitsbewältigung" erhobenen Hauptes diesen Satz ins Gesicht knallt, was tatsächlich zuweilen vorkommt, dann vermag ich nicht lächelnd jenes affirmative Kopfnicken auszuführen, das Japaner sonst auszeichnet. Warum nicht? Die Logik der Gefühle ist kompliziert.

Formal gesehen hat natürlich auch der Außenstehende das Recht, einzelne Praktiken und Entscheidungen in Deutschland zu kommentieren, warnend die Stimme zu erheben, die Deutschen mit Schimpfwörtern zu überschütten oder sie umgekehrt über den grünen Klee zu loben. Was kann ich aber 50 Jahre danach mit dem Blick von außen sagen, wenn es um den Umgang der Deutschen mit jenem Unbeschreiblichen und Unfaßbaren geht, was in deutschem Namen an Verbrechen begangen worden ist? Mit der Kritik an der deutschen Aufarbeitung der Vergangenheit muß ich vorsichtig sein, muß eher versuchen, internen Kritikern zuzuhören. Denn schließlich bin ich ja Japaner. Die japanischen

Greueltaten während des Krieges sind, das setze ich voraus, auch in Deutschland genügend bekannt. Von den Auswirkungen des unter der konservativ-revolutionären Vision eines großjapanischen Reiches geführten Krieges wird sich die gesamte ost- und südostasiatische Region mindestens noch ein paar Jahrzehnte lang nicht erholen können. Wer hat also als Japaner die kontextuelle Berechtigung, einzelne Unzulänglichkeiten im Umgang mit der Vergangenheit hier in Deutschland zu kommentieren? Wer kann was an welchem Land aus welchen Gründen kritisieren? Eigentlich nur die Opfer und die Überlebenden, vielleicht auch, so archaisch es in der Moderne auch klingen mag, deren Angehörige, vielleicht auch diejenigen, die sie persönlich gut kannten und kennen, aber vielleicht auch gerade diejenigen, die sie hätten kennenlernen können. Der Kreis ist eng, aber in gewisser Weise relativ groß. Die meisten Opfer können nicht mehr sprechen, da sie gefoltert, vergast oder erschossen worden sind, und viele der Überlebenden scheuen sich zu sprechen oder sind bereits verstorben. Deshalb brauchen sie Fürsprecher. Aber die Schwierigkeit, Fürsprecher zu sein, ist längst bekannt. Sie kennzeichnet die geistige und moralische Geschichte beider Nationen in den letzten 50 Jahren und ist natürlich von den jeweiligen restaurativen Kräften früh erkannt und ausgenützt worden.

Vielleicht darf ich doch sagen, daß viele meiner Landsleute mit Respekt und Hochachtung den Prozeß der Demokratisierung in der alten Bundesrepublik verfolgt haben, jenen Prozeß also, in dem sich die Streit- und Protestkultur durchgesetzt hat. Während in unserem, d.h. japanischem Umgang mit der Geschichte die Identifikation mit der hypostasierten Tradition durchaus gang und gäbe ist, hat man hier auch gelernt, die kritisch-hermeneutische Praxis wie selbstverständlich auf das Traditionspolster anzuwenden, ohne dabei auf das geistige Potential der Tradition zu verzichten. Dafür dürfte stellvertretend — und nur stellvertretend — der Name Adorno stehen, wie der Berliner Philosoph Albrecht Wellmer vor inzwischen zehn Jahren auf einer Tagung der Alexander von Humboldt-Stiftung betonte. „Es war vor allem Adorno, der in seiner überaus reichen Produktion nach dem Kriege den Schutt wegräumte, unter dem die deutsche Kultur verborgen lag, und der sie wieder sichtbar werden ließ." Überall mußte das künstliche Band, das die Tradition für die nationale Integration darstellte, in seiner Selbstverständlichkeit hinterfragt werden. Mindestens zwei Generationen, die Adornos und die Rudi Dutschkes, haben bei allen gegenseitigen Verhöhnungen und Querelen im Endeffekt mehr als zehn Jahre zusammengearbeitet, um die neue Geborgenheit, die die Ära Adenauer geschaffen hatte, als Falschmünzerei bloßzustellen und den „Schutt" abzutragen. Die Werte des freien christlichen Abendlandes schienen plötzlich keine Substanz mehr zu haben. Das „Seinsgeraune" war weiterhin zu hören, aber nicht mehr in überfüllten Kirchenschiffen. Angesichts der beschmierten Wände in den Universitäten war der Chor der Kontinuitätsbeschwörung in den späten 60er Jahren längst verhallt. Und ich weiß es — trotz meiner Distanz zum Aktionismus — zu schätzen, daß an jener Stelle auf dem Kurfürstendamm in Berlin, wo auf Dutschke geschossen wurde, eine Steinplatte liegt, auf der zu lesen steht: „Die Studentenbewegung verlor eine ihrer herausragendsten Persönlichkeiten".

Jedesmal, wenn die Republik erschüttert wurde, das darf ich auch sagen, hat die demokratische Öffentlichkeit mit ihrer Breite des Spektrums ihre Zähigkeit und Flexibilität, ihre Resistenz und ihren unbezwinglichen Willen zur Partizipation gezeigt. Auch die Bereitschaft, zu den Institutionen „ja" zu sagen, sich mit ihnen zu versöhnen, während man in Japan, was die Beziehung zu den Institutionen betrifft, von der Alternative zwischen Ignoranz oder opportunistischer Anpassung immer noch nicht abgekommen ist. Ob Spiegelaffäre oder Radikalenerlaß, ob Wackersdorf oder Bitburg, ob Filbinger oder Barschel, ob Stammheim oder Mescalero — stets hat sich die wehrhafte Demokratie sowohl gegen den Geist von gestern als auch gegen die Geister des blinden Aktivismus namens Terrorismus, sowohl gegen den institutionellen Zynismus als auch gegen die falsche Versöhnung behaupten können.

Durch das Getöse der zugegebenermaßen „alles verdunkelnden" und „gegen alle Unterschiede des Niveaus und der Echtheit" unempfindlichen Öffentlichkeit (Heidegger) sind die alten Götter verscheucht worden, bzw. manche von ihnen freiwillig abgereist. Und der deutschen Öffentlichkeit ist in einem mühsamen Prozeß das Meisterstück gelungen, die Distanzierung vom Ostblock nicht in das dumpfe Raunen der Ordinarien- und Unternehmerherrlichkeit ausarten zu lassen, sondern sie mit der subversiven Demokratie zu verbinden. Diese Leistung ist wirklich nicht zu unterschätzen, wenn man daran denkt, daß ein nicht unbeträchtlicher Teil der japanischen Intellektuellen ständig mit Moskau oder Peking kokettiert hat. Wenn die Weltöffentlichkeit für die Wiedervereinigung — trotz der problematischen Modalität des Beitritts der neuen Bundesländer — Verständnis gezeigt oder sogar zu ihr gratuliert hat, so wegen dieser neuen politischen Kultur, in der subversive Stimmen mit linksliberalen und auch liberalen Stimmen innovative Dissonanzen hervorbrachten. Das müssen die konservativen Politiker wissen.

Bei aller Bewunderung fallen dem Außenstehenden jedoch zwei Schwächen in dieser demokratischen Öffentlichkeit auf. Vielleicht darf ich auch darauf kurz eingehen. Die eine ist die ewige deutsche Nabelschau. Ihre Folge ist trotz der enormen Reiselust der Deutschen eine eigenartige Indifferenz gegenüber anderen Kulturen. Viele, natürlich nicht alle, aber vor allem ein beträchtlicher Teil der linksliberalen Intellektuellen, neigen dazu, die Kriterien, die sie in der heimatlichen Arena ausgearbeitet haben und die deswegen universal gelten sollen, gleichsam in die Mauern ihnen fremder Kulturen einzumeißeln, etwa nach dem Motto: Es darf nichts geben, das man mit den zu Hause gelernten Begriffen nicht erfassen kann. Für sie ist Ostasien z.B. zwar reich an faszinierenden Kulturschätzen; aber von den Leuten da unten meinen sie nichts lernen zu können. Wie oft habe ich Pauschalurteile gehört, die etwa so lauten: „Die Japaner sind mit ihrer Doppelmoral noch ganz rückständig" oder „Die Koreaner haben sich mit ihrem Polizeistaat arrangiert und haben keine blasse Ahnung von den Menschenrechten." Damit reklamieren sie die europäische Aufklärung für sich.

Die Beschlagnahmung geistiger Güter ist aber immer problematisch, wenn sie aufgrund einer gemeinsamen Sprache, einer gemeinsamen Scholle vollzogen wird. Auf die Aufklärung stolz sein können nur allzu gute, ja allzu gutmütige Europäer. Kann man auf die Vergangenheit, zu der man selber nichts beigetragen hat, stolz sein? Kann man diese europäische Kontinuität der Freiheitsentwicklung zum Zweck der Legitimation instrumentalisieren? Wie oft habe ich den Ausdruck „mit unserer westlichen Tradition" gehört, der das Ritual der Selbstbestätigung einleitet, während sich die Tradition der Vernunft m.E. dadurch auszeichnet, daß ihr Potential noch nicht real geworden ist. Falls der Universalismus seinen Namen wirklich verdienen will, muß er auf die Beschlagnahmung der Tradition verzichten. Das wußte bereits ein Mann wie Max Weber. Man lese sorgfältig nur die berühmte „Vorbemerkung" zu seiner Religionssoziologie und berücksichtige auch Grammatik und Interpunktion.

Der andere Fehler liegt in dem, was ich die totalisierende Katastrophen-Beschwörung nennen möchte. Die Kritik war oft zu total, die heraufbeschworene Krise war allzu bedrohend. Es hieß oft: mit diesem Gesetz gerate Deutschland wieder in den Sog des Faschismus — das war damals, als die Notstandsgesetze im Bundestag anhängig waren. Oder: Mit diesem Schritt stürze die Menschheit unwiderruflich in die Katastrophe — das war damals, als die amerikanischen Raketen in Deutschland stationiert wurden. Oder: Mit dieser Maßnahme werde die ganze Idee, die die Bundesrepublik getragen hat, zerstört — das war damals, als die Verschärfung des Asylverfahrens im Bundestag durchgeboxt wurde.

Zwar sind die Menschenrechte unteilbar. Zwar darf man über die Menschenrechte nicht abstimmen. Daß aber eine in keiner Hinsicht vertretbare partielle Rücknahme dessen, was an Menschenrechten errungen worden ist, das gesamte Gefüge der Liberalität noch nicht zum Einsturz bringt, darin müßte man eine Stärke sehen und eine Grundlage für die Solidarität mit den Benachteiligten. Denn durch Zuspitzung und Übertreibung kann man eine reale Gefahr zwar gut beleuchten, die Realität jedoch verfehlen. Die Angst vor möglichen extremen Folgen kann leicht dazu führen, Schreckensvision und Realität zu verwechseln. Panik und Bauchnabelschau beim Protestieren formen keinen guten Stil der politischen Meinungsäußerung. Technokraten und zynische Realitätsfanatiker lassen sich so keineswegs erschüttern, sondern werden dadurch eher noch in ihrem Zynismus bestärkt.

Nein, man sollte hier mehr Vertrauen haben zur Stabilität der Demokratie. Damit meine ich die Stabilität der inzwischen verbreiteten demokratischen Mentalität, und nicht die Stabilität der Institutionen. Diese sind in Deutschland ohnehin stabil. Ich hoffe, daß die nach einer langen Latenzperiode erreichte Normalität des demokratischen Alltags, der protestfähig und ein gewisses Maß an Subversion vertragen kann, in das vereinigte Deutschland hinübergerettet worden ist, erstarkt durch die Oppositionsgruppen in Ostdeutschland, ein bißchen beschädigt durch das Hau-Ruck-Verfahren der Wiedervereinigung. Dieser Alltag kann große weltpolitische Geschehen registrieren, zu ihnen Stellung nehmen, auf sie reagieren und verkrustete Strukturen langfristig verflüssigen. Und so sehr man im Ausland auch erschrocken ist über die oft stillose, gezielte Enthüllung der Stasi-Akten oder über einige problematische Fälle der Abwicklung, vor allem aber über die neue Gewalt gegen sozial Schwache und Minderheiten, auch über Friedhofsschändungen und an die Wand geschmierte Parolen aus längst vergangener, doch nicht überwundener Zeit, geht die Normalität des auf die öffentlichen Vorgänge aufmerksamen, moralisch sensibilisierten und nachdenklich gewordenen Alltags „behelligt" oder unbehelligt weiter. Allein im Alltag kann der Extremismus in den Wind geschlagen werden und damit versanden. Hohn und Spott, Witz und Ironie sind genauso wichtig und notwendig wie todernste Diskussionen. Fehl am Platze ist jegliche Dramatisierung, aber auch Vertuschung der Probleme. Weder Übertreibung noch Bagatellisierung sind gefragt. Ein paar deutsche Flugzeuge über dem jugoslawischen Luftraum bedeuten noch nicht das unwiderrufliche Signal für den Wiedereinmarsch der Wehrmacht in den Balkan. Aber über diese paar Flugzeuge denkt die deutsche Öffentlichkeit gründlich nach, auch über die emotionale Reaktion der betroffenen Außenstehenden. Das sage ich angesichts der Situation in Japan, wo die Regierungspolitiker die Entsendung der Selbstverteidigungsarmee für die „Friedensmission" in ihrer politischen Verfänglichkeit herunterspielen wollen, während viele Linksintellektuelle diese Mission ablehnen, da sie mit ihr ausschließlich den Vorabend des Zweiten Weltkriegs assoziieren.

Ja, die Normalität des Alltags ist wichtig. Noch vor der Wende fand an einer großen amerikanischen Universität ein Symposium über die Geisteswissenschaften in Deutschland statt. Der Rektor dort war offensichtlich besorgt, daß aus der legendenumwitterten deutschen Universität kein weltbewegender Schub mehr kommt. Kein Simmel, kein Weber, kein Jaspers, kein Heidegger, kein Gundolf, kein Curtius. Er hat dabei offensichtlich übersehen, daß die Zeit, wo die großen intellektuellen Auseinandersetzungen als Teil der gesellschaftlichen Wirklichkeit empfunden wurden, Gott sei Dank, längst vorbei ist. Als einer der Referenten versuchte Habermas in seinem Vortrag den besorgten Amerikaner zu beruhigen, indem er von „Normalität" bzw. „selbstbewußter Normalität" sprach und damit meinte, daß sich der Kontext, in dem sich die Geisteswissenschaften heute bewegen, im Vergleich zu den krisengeschüttelten 20er Jahren auf breiter Front verändert hat. Also keine Aristokraten des Geistes, keine selbsternannten Führer aus dem Elfenbeinturm sind mehr nötig. Natürlich hatten wir damals keine Ahnung, daß diesem Wort „Normalität" oder dem zum gleichen Wortfeld gehörenden Begriff „Normalisierung" ein paar Jahre später eine ganz andere Konnotation zuwachsen sollte, vor allem auf dem Feld der internationalen Politik. Die Normalität des Alltags vermag allerdings auf dieses politische Normalisierungsstreben mit einem gewissen Normativitätsanspruch kritisch zu reagieren. Zur Normalität einer subversiven Demokratie gehören also konstitutiv diejenigen, die oft als Querulanten marginalisiert werden, die Abweichler, d.h. diejenigen, die Herr Nolte abschätzig „ewige Linke" nannte, die aber wissen, wie sie eingreifen sollen. Utopisten haben auch ihren Platz, Utopisten, die fern von der selbsttrunkenen Dramatisierung und Katastrophenbeschwörung argumentieren können. Das nennt man zivil.

Und wir können uns, auch in Japan, darüber freuen, daß jene ureuropäische Vision, die eine tragische Interpretation immer wieder beflügelt hat — ich meine jene Ästhetik des schicksalsschwangeren und zugleich schicksalsgeweihten Untergangs eines Staates, eines Herrscherhauses, eines welthistorischen Geschlechts –, daß diese Vision ihrerseits dem Untergang geweiht ist. Ein miserabler Zustand für einen Mann wie Heiner Müller, der sich eine Tragödie ohne Katastrophe auf der sog. großen politischen Bühne nicht vorstellen kann. Auch konnte der berühmte Yukio Mishima seinerseits diese „kulturschädliche" Lage nicht ertragen und sprach von der Skandinavisierung der japanischen Kultur. Der Nexus von großer Kunst und großer Politik ist gerissen. Im normalisierten, moralisch sensibel gewordenen demokratischen Alltag kann man dies ein bißchen bedauern. Natürlich: Die griechische Tragödie genießen können wir Gott sei Dank immer noch.

Wie gesagt: Im großen und ganzen gesehen ist es der demokratischen Öffentlichkeit in Deutschland gelungen, die Barbarei, die andere Seite der Zivilisation, zu dämpfen, zu zähmen und zu zivilisieren. Der Klassenkompromiß ist eine enorme gesellschaftspolitische Leistung, die ebenso dazugehört. Die Rituale der Selbstbescheidung auf dem internationalen Parkett sind auch ein beachtliches Resultat — trotz des nach wie vor zum Schmunzeln einladenden kulturellen Ethnozentrismus (der aber an jeder großen Nation beobachtet werden kann). Ich hoffe, daß diese recht positive Einschätzung durch einen unbeholfenen Betrachter von außen nicht nur für die alte Bundesrepublik gilt. Es gab damals genug Anzeichen dafür, daß der Diskurs der Überheblichkeit nicht nur aus Berechnung und strategischer Erwägung, nicht nur durch Sachzwang zu verstummen begann. Leider haben wir noch keine Garantie dafür, daß im wiedervereinigten und größer gewordenen Deutschland nicht erneut der „Wir-sind-doch-tüchtig-Diskurs" anhebt.

Es gibt mindestens zwei Themen, die schwer auf der Normalität des demokratischen Alltags lasten und sie ständig annagen: die begangenen Greueltaten der Vergangenheit und das offensichtlich strukturelle Elend der Dritten Welt. Auch die Toten können gefährdet sein. Das haben wir von Walter Benjamin gelernt. Und das Los, der anderen Seite der Zivilisation tatenlos zusehen zu müssen, wird uns noch lange und immer intensiver beschäftigen. Hier möchte ich mich aber am Ende kurz dem ersten Thema widmen.

Wenn Adorno in der „Negativen Dialektik" vom Schuldbewußtsein der Überlebenden spricht und fragt, „ob nach Auschwitz noch sich leben lasse", wird diese Frage auch uns Spätgeborenen so lange auf den Nägeln brennen, als wir wissen, daß wir in einer anderen Weltregion ebenso Opfer einer politischen Gewalt hätten werden können, also Überlebende sind. Adorno schreibt: „Die Schuld des Lebens, das als pures Faktum bereits anderem Leben den Atem raubt, einer Statistik gemäß, die eine überwältigende Zahl Ermordeter durch eine minimale Geretteter ergänzt, wie wenn das von der Wahrscheinlichkeitsrechnung vorgesehen wäre, ist mit dem Leben nicht mehr zu versöhnen. Jene Schuld reproduziert sich unablässig, weil sie dem Bewußtsein in keinem Augenblick ganz gegenwärtig sein kann." Diese Zeilen geben uns zu bedenken, daß wir uns weder mit den Opfern, die nicht mehr sprechen können, versöhnen können noch mit dem Leben selbst. Es gibt in dieser Hinsicht keine ungebrochene Normalität. Sie ist stets eine beschädigte; die Demokratie braucht wohl dieses Bewußtsein, daß sie kein Versöhnungsangebot an die Opfer von Vergangenheit und Gegenwart ist, sondern auf einer Grundlage beruht, aus deren Tiefe stets Klagen und Schreie, Heulen und Jammern, Zittern und Schluchzen in das zivilisatorische Gehege aufsteigen und uns nicht loslassen.

Die Zitate von Adorno stammen aus dem Jahre 1967. Sie enthalten Sätze und Gedanken, die nicht nur von Adorno formuliert, sondern von vielen Intellektuellen in verschiedenen Kulturen aus jeweils anderen kulturellen Ressourcen geschöpft und jeweils anders verpackt worden sind. Auch der Nobelpreisträger für Literatur Kenzaburo Oe behandelt in seinen „Hiroshima-Notizen" im Grunde genommen die Unversöhnbarkeit der Lebenden mit dem Geschehenen und dem andernorts Geschehenden. Sätze und Gedanken, die, wie ich meine, einen großen Teil unserer Generation geprägt haben, trotz ihres Strebens nach Karriere, trotz ihrer Jagd nach Lustbefriedigung, die sie durchgemacht hat. Wie gesagt, das war 1967. Wie haben sich die Zeiten geändert! Inzwischen ist es soweit, daß die Unversöhnbarkeit als Nährboden für das tragische Verständnis der Politik herhalten muß. Ich denke z.B. an Botho Strauß mit seinem kulturellen Unbehagen: „Da die Geschichte nicht aufgehört hat, ihre tragischen Dispositionen zu treffen, kann niemand voraussehen, ob unsere Gewaltlosigkeit den Krieg nicht bloß auf unsere Kinder verschleppt." Schließlich handelt es sich nach Strauß beim Nazi-Verbrechen „um ein Verhängnis in sakraler Dimension des Wortes". Die Tragödie wird heraufbeschworen: „Von der Gestalt der künftigen Tragödie wissen wir nichts. Wir hören nur den lauter werdenden Mysterienlärm, den Bocksgesang in der Tiefe unseres Handelns. Die Opfergesänge, die im Innern des Angerichteten schwellen. Die Tragödie gab ein Maß zum Erfahren des Unheils wie auch dazu, es ertragen zu lernen. Sie schloß die Möglichkeit aus, es zu leugnen, es zu politisieren oder gesellschaftlich zu entsorgen." Einerseits sieht es so aus, als wäre die Saat, die Adorno gestreut hat, nun verspätet in der kritischen Öffentlichkeit aufgegangen. Andererseits feiern Kräfte und Begabungen, Interessen und Talente, Klüngel und Querköpfe in den deutschen Gauen fröhliche Urständ. Die Grenze zwischen Tätern und Opfern wird nicht selten verwischt. An die Stelle der nüchternen Erkenntnis, daß eine Versöhnung unmöglich ist, und der gleichzeitigen Hoffnung auf das Bessere (Adorno) tritt lediglich die Nivellierung im Namen des Tragischen.

Wahrlich: In Germania melden sich die totgesagten alten Götter zurück. Sie hüpfen nicht mehr auf dem Brocken, träumen auch nicht mehr von ihrem Parnassus; vielleicht können sie sich nur noch entfernt an Totnauberg erinnern. Sie schreiben ihren Hokuspokus Fidibus auf dem PC in Metropolen wie Frankfurt, Berlin und München. Sie fliegen sogar mit den modernsten Passagierflugzeugen, lieber mit dem Airbus europäischer Provenienz als dem Jumbo aus der kulturellen Wüste

Amerikas. Im demokratischen Alltag jedoch können die Götter, die vor sich hindämmern, nicht mehr die nächste Götterdämmerung vorbereiten. Wozu sie m. E. fähig sind, ist nur eines: sie verpesten ein wenig die Luft, die freie Luft, die in den letzten 25 Jahren hier wehte. Nietzsche, einer der Götzen jener wiederauferstandenen Götter, würde nur noch seinen lakonischen Satz wiederholen, der lautet: „Die deutsche Kultur ist meine schlechte Luft." Vielleicht hätte man damals den Abschied von den Göttern ein bißchen wärmer gestalten sollen. Die Götter haben sich ja wegen der eiskalten Verabschiedung ingrimmig auf die Reise begeben.

Jetzt fällt mir ein altes deutsches Sprichwort ein: Man sieht den Splitter im fremden Auge, aber nicht den Balken im eigenen. Hochgebildete und rhetorisch bewundernswerte Theoretiker der Tragödie auf der einen Seite und trockene Befürworter der „Normalisierung" auf der anderen Seite gibt es auch in Japan. Gewiß schwillt auch dort seit etwa 20 Jahren der „Bocksgesang" an. Ebenso gibt es dort zahlreiche Böcke, die sich zu Gärtnern machen wollen. Versuche, sich an die Vorkriegsdiskurse der kulturellen Selbstbehauptung anzuschließen, gibt es auch genug. In einer dorfgemeinschaftlich praktizierten Demokratie mit dem Seid-nett-zueinander-Prinzip haben solche Versuche durchaus Chancen. Und das erschwert in Japan den Umgang mit dem Grauen der Vergangenheit.

Zu Beginn habe ich die Frage nach der kontextuellen Berechtigung der Kritik gestellt. Die Antwort ist jetzt klar: man kann sich allenfalls der internen Kritik anschließen, was ich hier versucht habe. Ich habe auch die Schwierigkeit erwähnt, Fürsprecher der Opfer zu sein. In den nächsten fünf Jahrzehnten, an deren Ende das 100. Jubiläum des Kriegsendes stehen wird, wird diese Schwierigkeit gewiß nicht behoben sein. Andererseits gilt vielleicht auch hier jene Regel, die Umberto Eco in einem Interview einmal beschrieben hat: Wenn ein Imperium zugrundegeht, wird man mindestens noch 50 Jahre, ggf. mehrere Jahrhunderte mit den hinterlassenen Problemen konfrontiert sein, eine Regel, die sich in Ex-Jugoslawien jeden Tag bestätigt. Sie gilt aber sowohl für das Dritte Reich als auch für Japan.

Blick nach vorn und Blick zurück

von Norman Naimark

Das Ende des Zweiten Weltkrieges in Europa und der Sieg über Nazi-Deutschland kann aus zwei unterschiedlichen Blickwinkeln betrachtet werden: zum einen im Rückblick, mit dem Kriegsende als Ausgangspunkt für ein dramatisches halbes Jahrhundert deutscher Geschichte, und zum anderen aus der Sicht der Deutschen im Mai 1945, als diese voller Sorge einer beängstigenden und ungewissen Zukunft entgegensahen. Jede fundierte Beurteilung der Bedeutung der Niederlage Nazi-Deutschlands und der Besetzung durch die Vier Mächte erfordert die Einbeziehung beider Perspektiven.

Für die Mehrzahl der Deutschen bedeutet die Kapitulation am 7. Mai 1945 in Reims (und noch einmal am 8. Mai in Berlin-Karlshorst gegenüber den Vier Mächten) heute die *Befreiung* ihrer Gesellschaft von der Nazi-Herrschaft. Besonders die Deutschen, die in den ehemaligen Westzonen leben, sehen die Besetzung — insbesondere die Besetzung durch Amerika — als ein Geschenk des Himmels für die deutsche Geschichte, als eine Gelegenheit, demokratische Institutionen, eine marktwirtschaftliche Ordnung und westliche Sicherheitsbündnisse aufzubauen.

Versetzt man sich zurück in die Zeit vor fünfzig Jahren, nahmen die Deutschen damals einen ganz anderen Standpunkt ein. Im Osten wie im Westen erlebten sie die bedingungslose Kapitulation des Nazi-Staates als bittere Niederlage und tiefe Demütigung. Angesichts dessen, was das Dritte Reich in Europa angerichtet hatte, konnten die Deutschen keine Gnade von den Alliierten erwarten. Die von den Nazis in den letzten Kriegsmonaten verbreitete Haßpropaganda bewirkte, daß die deutschen Männer und Frauen ein schreckliches Schicksal befürchteten, besonders von seiten der Russen: Vergewaltigung, Deportation, Folterung, Tod.

Weder vom heutigen Standpunkt aus noch aus der Sicht von vor fünfzig Jahren sollte der Monat Mai 1945 als die *Stunde Null* angesehen werden. Zu viele politische, gesellschaftliche und wirtschaftliche Prozesse vollzogen sich in der Zeit zwischen der Umkehr des deutschen Schicksals während des Krieges im Winter 1943–44 und den Nachkiegsjahren. So wurde zum Beispiel der einst so ausgeprägte Einfluß der ostelbischen Junker auf die deutsche Politik und Gesellschaft im Kaiserreich und während der Weimarer Zeit, den Hitler schon zurückdrängte, durch die schweren Verluste unter den Offizieren dieses Standes an der Ostfront ganz erheblich verringert. Da die Männer gefallen waren oder als Kriegsgefangene in Lagern im Osten festgehalten wurden, packten Frauen und die übrig gebliebenen Familienmitglieder ihre Habseligkeiten und begaben sich auf den langen Treck nach Westen auf der Flucht vor den vorrückenden sowjetischen Truppen. Viele der überlebenden Junker und Grundbesitzer wurden im Sommer 1945 von ihrem Land vertrieben und auf der Insel Rügen interniert. Dieser Prozeß kam im Herbst 1945 zum Ende, als die Verwaltung der sowjetischen Besatzungsmacht und die Führung der KPD eine Landreform durchführten, die auch die „progressiven" Grundbesitzer ihres Besitzes beraubte.

Auch unter politischen Gesichtspunkten sollte man den Monat Mai 1945 nicht als eine scharfe Zäsur in der politischen Entwicklung der deutschen Gesellschaft ansehen. Ohne Zweifel folgte die Mehrheit der Deutschen vor und während des Krieges den Nationalsozialisten. Nach der Niederlage waren die Deutschen in ihrer Weltanschauung immer noch stark von der nationalsozialistischen Ideologie beeinflußt, obwohl die Behörden der alliierten Besatzungsmacht, der westlichen wie der östlichen, jede öffentliche Äußerung nationalsozialistischen Gedankenguts unterbanden. Allerdings wuchs auch der politische Widerstand gegen die Nazi-Diktatur während der letzten Kriegsjahre ganz erheblich, das gilt nicht nur für die bekannten Fälle im Zusammenhang mit der Verschwörung vom 20. Juli 1944 oder für Mitglieder der Widerstandsbewegung wie Niemöller und die Geschwister Scholl.

In Hunderten kleiner antifaschistischer Gruppen verschiedener ideologischer Ausrichtung — in Konzentrationslagern, Fabriken, Rathäusern und Schulen — organisierten sich die Deutschen politisch und warteten auf das Ende des Krieges, um einen neuen Anfang machen zu können.

Als die Sowjets als erste Macht der Alliierten am 10. Juni 1945 in der von ihnen besetzten Zone politische Aktivitäten zuließen, konnten sie auf die Arbeit von Tausenden Angehöriger früherer antifaschistischer Untergrundbewegungen zurückgreifen — Kommunisten, Sozialdemokraten und „bürgerliche" Liberale — um eine neue Nachkriegsordnung zu schaffen. Die ostdeutsche Geschichtsschreibung hat die „Aktivisten der ersten Stunde" ganz sicher überbewertet, während die westdeutsche Geschichtsschreibung eher dazu neigt, die gegen Ende des Krieges immer stärker werdenden politischen Aktivitäten von Sozialisten und Demokraten, die den Faschismus und das nationalsozialistische Spektakel nicht mehr ertragen konnten, herunterzuspielen.

8. Mai 1945

In vielen deutschen Städten schwelten am 8. Mai 1945 noch die Gebäude, die Luft war voller Ruß, und über allem lag der Geruch von Toten, Tieren wie Menschen. Als die Deutschen allmählich aus den Bunkern und Kellern wieder ans Tageslicht kamen, fühlten sie sich betrogen und geschockt. Viele waren immer noch Nationalsozialisten und betrachteten die Besatzungsmächte — die Sowjets wie auch die Westmächte — als Eindringlinge. Obwohl sie niedergeschlagen und gedemütigt waren, hatten die Deutschen nur wenig klare Vorstellungen von dem, was sie angerichtet und was sie verloren hatten. So wußten sie zum Beispiel noch nicht, daß große Teile der Gebiete östlich der Oder-Neiße-Linie in Jalta unter polnische Verwaltung gestellt worden und für immer verloren waren, daß Ostpreußen zwischen der Sowjetunion und Polen aufgeteilt werden sollte und daß so gut wie alle Deutschen Königsberg und die Umgebung der Stadt verlassen mußten.

Die Deutschen hatten auch kaum eine Vorstellung von der Endlösung in all ihren schrecklichen Dimensionen, sie hatten kein Gefühl für den Grad ihrer moralischen Verantwortung für den Holocaust, mit der sie sich in den folgenden Jahrzehnten würden auseinandersetzen müssen. (Ähnliches gilt auch für die Siegermächte. In Dokumenten über den Monat Mai 1945 in amerikanischen Archiven findet man wenig oder nichts über die Juden als Opfer des Holocaust und viel mehr darüber, daß die Juden sich gegen die Bewachung durch Deutsche in Internierungslagern auflehnten. Den britischen Behörden bereiteten die jüdischen Zionisten die größte Sorge, die in der britischen Besatzungszone als Teil ihres Kampfes für die Errichtung des Staates Israel terroristi sche Gewalttaten verübten. Die Sowjets schenkten den Verlusten unter den Juden in Konzentrationslagern kaum Beachtung und befaßten sich in erster Linie mit dem Tod von sowjetischen Kriegsgefangenen oder „anderen Sowjetbürgern.")

Nahrung, Unterkunft und die Suche nach Angehörigen beschäftigten die Deutschen am meisten, nicht so sehr die Politik und schon gar nicht der Gedanke an Schuld. Aber man vergißt nur allzu leicht, daß dies nicht für alle Deutschen gilt. Die örtlichen Behörden mußten weiter funktionieren. Antifaschistische Bürger stellten sich den jeweiligen Militärverwaltungen in den besetzten Zonen zur Verfügung. Viele Deutsche, die ihr Land vor Beginn oder während des Krieges verlassen hatten, kamen zurück, um beim Aufbau zu helfen. Einige deutsche Politiker und sozial engagierte Personen betrachteten die Niederlage als eine Gelegenheit, lange unterdrückte politische Programme endlich praktisch zu verwirklichen. In Städten wie Meißen, Coswig und Pirna ernannten militante Kommunisten Kommissare und richteten Sowjets ein. Einige Sozialdemokraten erklärten Deutschland zum sozialistischen Staat. (Es ist erwähnenswert, daß das Programm der SPD vom 15. Juni 1945 in seinen sozialistischen Zielen radikaler ist als das der KPD vom 11. Juni.) Viele Mitglieder beider Parteien suchten dem Brudermord der Linken unter Kommunisten und Sozialdemokraten, der Hitler und den Nazis den Weg zur Macht geebnet hatte, ein Ende zu setzen.

Auch „bürgerliche" Politiker wurden gleich zu Beginn des Friedens aktiv. Die neu gebildete Christlich-Demokratische Union setzte sich zusammen aus einer Koalition von religiöser Moral, sozialer Verantwortung und demokratischen Institutionen verpflichteten Progressiven. Auch die Liberalen versuchten, die demokratischen

Traditionen der Weimarer Republik wiederzubeleben und gründeten die Liberaldemokratische Partei.

Diese Gruppe von Sozialisten, Kommunisten, Progressiven und Liberalen war klein und hatte anfangs nur geringen Einfluß auf die Alliierten oder die Bevölkerung. Aber demokratische Institutionen wurden den Deutschen nicht einfach präsentiert, wie häufig behauptet wird. Auch einige Deutsche kämpften für Demokratie. Es gab auf örtlicher Ebene zahllose Auseinandersetzungen, bei denen örtliche Antifaschisten in manchen Fällen sogar vor der Ankunft der Alliierten Bürgermeister, Landräte und Polizeichefs internierten. Stefan Heym beschreibt in seinem Roman *Schwarzenberg* den authentischen Fall einer solchen antifaschistischen Aktion in einer Region, die versehentlich sechs Wochen nach Kriegsende weder von den Westmächten noch von den Sowjets besetzt worden war. Es besteht kaum Grund zu der Annahme, daß der Fall *Schwarzenberg*, wie Heym meint, beweist, daß ein „Dritter Weg" in Deutschland möglich war, daß nämlich die Deutschen, wenn es die Besetzung durch die Vier Mächte nicht gegeben hätte, ihr Leben nach demokratischen, sozialistischen Grundsätzen ausgerichtet hätten. Dennoch darf man die Bemühungen von Tausenden von Antifaschisten nicht vergessen, die die Form und das Wesen des nach dem Krieg entstehenden neuen deutschen Staates prägten.

Konrad Adenauers unerschütterlicher Einsatz für den Aufbau einer Demokratie in Deutschland nach westlichem Muster ist allgemein bekannt. Auch Kurt Schumacher setzte sich entschlossen für die Schaffung politischer Institutionen ein, die die Traditionen der deutschen Sozialdemokratie, scharf abgegrenzt gegenüber den autoritären Neigungen der Kommunisten, weitertragen würden. Er erkannte instinktiv die Gefahren des Stalinismus und war bereit, sich ihnen offen und direkt zu stellen wie nur wenige deutsche Sozialdemokraten seiner Generation oder später. Die deutschen Sozialdemokraten kämpften auch im Laufe der intensiven Einigungsbestrebungen in der sowjetisch besetzten Zone im Herbst und Winter 1945–46 für ihre Unabhängigkeit. Tausende wurden in besondere Lager der NKWD gebracht, viele bezahlten ihren Einsatz für die Demokratie mit dem Leben. Auch die deutschen Christdemokraten kämpften. Die Gruppe um Andreas Hermes und Walther Schreiber und später die CDU-Führung mit Jakob Kaiser und Ernst Lemmer taten alles, was in ihrer Macht stand, um zu verhindern, daß die Ostzone in den Abgrund des Totalitarismus stürzte. Schließlich sahen sie sich gezwungen, in den Westen zu fliehen, während einige ihrer Mitstreiter Hunger und Tod in NKWD-Lagern erlitten.

Für die Alliierten, die gerade einen mörderischen Krieg gegen das Dritte Reich beendet hatten, blieben die Deutschen eine undifferenzierte Masse von Nazis und Nazi-Sympathisanten. In den ersten Monaten nach dem Sieg herrschte bei den Behörden der Besatzungsmächte große Sorge vor den sogenannten „Werwölfen", Untergrundbewegungen der früheren Hitlerjugend, die angeblich terroristische Anschläge verübten und einen Putsch zur Wiedereinsetzung des nationalsozialistischen Regimes planten. Zwar griff die Polizei der Alliierten Tausende von Werwölfen auf, einige der Jugendlichen waren tatsächlich bewaffnet, aber auch die militantesten NKWD-Agenten in der Sowjetzone konnten keine wirkliche Verschwörung aufdecken. Im Grunde gab die deutsche Jugend sehr schnell jegliche Illusionen über einen Widerstand gegen die Besetzung auf und wandte sich stattdessen dem Leben auf den Straßen und dem Schwarzmarkt zu — Zigaretten, Swing, Bars, Nylonstrümpfe. Zum Kummer der Behörden der Alliierten in Ost und West waren diese Jugendlichen an allem interessiert, nur nicht an Politik.

Angesichts der Tatsache, daß die ältere Generation der Deutschen noch vom Nationalsozialismus und dem autoritären Staat beeinflußt und die jüngere Generation nicht an Politik interessiert war, bereitete den Alliierten die Frage, wie die Deutschen im Geist der Demokratie neu erzogen werden könnten, die größte Sorge. Die Besatzungsmächte im Westen und im Osten waren überzeugt, daß die deutsche Wirtschaft sich erholen würde. (Vor allem nach der Einführung des Marshall-Plans im Jahr 1947 und der Währungsreform von 1948 erreichte die deutsche Wirtschaft unglaubliche Zuwächse; nach der Schaffung der Deutschen Wirtschaftskommission im Juni 1947 und der Einführung des Zweijahresplans 1949 erholte sich auch die Wirtschaft in Ostdeutschland.)

Die Alliierten waren ferner entschlossen, die Bildung „demokratischer" Institutionen zu fördern, sowohl den Parteistaat im Osten als auch den *Rechtsstaat* im Westen. In dem falsch verstandenen Bemühen, autoritäre Strömungen in der deutschen Politik auszuschalten, schafften die Alliierten 1947 den preußischen Staat ab. Unter dem Einfluß ähnlicher Vorstellungen von deutschem Militarismus zerschlugen die Alliierten Monopole und große Grundbesitze. Trotz dieser Aktionen hielten sich unter den Siegermächten Zweifel darüber, ob die Deutschen, die zwei Weltkriege begonnen hatten und so empfänglich erschienen für autoritäres Gedankengut und Verhalte, je wirklich überzeugte Demokraten werden könnten.

8. Mai 1995

Wenn man nach fünfzig Jahren auf das Chaos und die Ernüchterung im Mai 1945 zurückblickt, kann man die positiven Veränderungen, die sich in Gesellschaft und Politik in Deutschland vollzogen haben, nur bewundern. Man hat immer viel zuviel vom deutschen *Wirtschaftswunder* gesprochen und das *Demokratiewunder* zu wenig gewürdigt. Die Deutschen haben eine politische Ordnung geschaffen, die zu den fortschrittlichsten und effizientesten der westlichen Welt, wenn nicht der Welt überhaupt, gehört. Sicherlich hat es Probleme und Schwachstellen in der demokratischen Struktur gegeben, und es wird sie auch in Zukunft geben. Aber diejenigen in Deutschland und anderswo, die den Monat Mai 1945 erlebt haben, erkennen, was in den vergangenen fünfzig Jahren erreicht wurde. Die Deutschen sind wirkliche Demokraten geworden, und zwar gerade rechtzeitig genug, um eine neue und vielleicht noch größere Herausforderung anzunehmen, nämlich eine multikuturelle Gesellschaft zu fördern und ihre Vielfalt zu akzeptieren.

Es besteht kein Zweifel, daß die Eingliederung der fünf neuen Länder eine schwierige, traumatische Angelegenheit für die Deutschen in Ost und West war und ist. die Kritiker Bundeskanzler Kohls, die behaupten, der Einigungsprozeß hätte in einer Weise vollzogen werden können, die weniger wirtschaftliche und soziale Umbrüche hervorgerufen hätte, mögen Recht haben. Der deutsche Historiker Jürgen Kocka hat zutreffend festgestellt, daß die Demokratie im vereinten Deutschland weniger stabil ist als in der alten Bundesrepublik. Dennoch sollte man die schmerzvolle Geschichte der deutschen Teilung als wesentliches Element des Kalten Krieges nicht vergessen. Der eiserne Vorhang zog sich mitten durch ein

Land, teilte Familien, trennte eine große Stadt in zwei Teile und zwang siebzehn Millionen Menschen, eine teuflische Mischung aus Stasi-Bespitzelung, sozialistischen Idealen und stalinistischer Führungselite zu erdulden.

Wie aggressiv und arrogant Wessis gegenüber Ossis auch sein mögen oder wie lethargisch und undankbar Ossis gegenüber Wessis, man sollte nicht voller Nostalgie an das geteilte Deutschland zurückdenken, das so viele Menschen verletzt, den Kalten Krieg verlängert und den Frieden in Europa in Gefahr gebracht hat. Angesichts der Diskussionen in der deutschen Presse über Stasi-Bespitzelung und die Neigung der Ostdeutschen, sich im kommunistischen System der DDR zu arrangieren, sollte man sich aber auch an die insgesamt etwa drei Millionen Deutschen erinnern, die zwischen 1949 und 1989 aus dem autoritären Osten fliehen konnten, an die Vielzahl derer, die bei dem Versuch starben, verletzt wurden oder dafür leiden mußten.

Progressive deutsche Intellektuelle von Enzensberger bis Habermas haben die „Bonner Republik" wegen ihrer unbestreitbaren Schwächen und Fehler angegriffen. Links stehende Kommentatoren warnen in schrillen Tönen vor den zunehmenden Zeichen einer ultrakonservativen nationalen Haltung in Deutschland. Aber die scharfe Kritik der Intellektuellen und die Heftigkeit der kulturellen Auseinandersetzungen in Deutschland sollten eher als eine Stärke der deutschen Gesellschaft denn als ein Zeichen von Schwäche angesehen werden. Das hohe Niveau, auf dem sich die öffentliche Diskussion in deutschen Zeitungen und Zeitschriften, sogar im Fernsehen vollzieht, wird von der modernen Welt mit Neid betrachtet. Deutschland hört auf seine kritische Intelligenz, auch wenn Staat und Gesellschaft ihre Einwürfe nicht unbedingt beherzigen. In ähnlicher Weise werden politische Herausforderungen von rechts und links mit Nachgiebigkeit und Toleranz aufgenommen. Der deutsche Staat verfolgt die extreme Linke und die extreme Rechte vielleicht nicht mit der Entschlossenheit, die einige Kritiker gerne sähen. Aber kaum jemand würde abstreiten, daß neue Parteien, die bereit sind, sich in die parlamentarische Ordnung einzufügen, wie die Grünen oder die PDS, ausreichend Gelegenheit hatten, ihr Programm vorzustellen.

Das, was Deutschland in den letzten fünfzig Jahren erreicht hat, wird noch deutlicher, wenn man seine Rolle in Europa und der Welt bedenkt. Die deutsche Außenpolitik wurde in der Vergangenheit gleichgesetzt mit Revanchismus und Expansionsbestrebungen. Am Ende des Krieges fürchteten die Siegermächte ein Wiederaufleben des deutschen „Drangs nach Osten". Die NATO sollte deshalb ebenso dazu dienen, die Sicherheit Deutschlands westlicher Kontrolle zu unterstellen wie auch sowjetische Aggressionen auf dem Kontinent abzuwehren. 1945 wäre es schwer vorstellbar gewesen, daß ein unabhängiges Deutschland eine endgültige Grenze akzeptieren würde, die ganz Schlesien, Danzig (Gdansk), Ostpreußen und das Sudetenland den slawischen Nachbarstaaten überläßt. Seit 1945 hat Deutschland nicht nur diese Grenzen anerkannt, sondern auch auf der Basis der Gleichheit und wechselseitiger Interessen gute Beziehungen zu den östlichen Nachbarn aufgebaut, Beziehungen, die heute zu den Polen besser sind als zu den Tschechen. Darüber hinaus hat der neue deutsche Staat mit den früheren Feinden wie Frankreich und Rußland sowie mit den Vereinigten Staaten und Großbritannien ausgezeichnete Beziehungen gepflegt. Deutschland hat ferner die Vertiefung und Erweiterung der Europäischen

Union in einer Weise unterstützt, die dem ganzen Kontinent zugutekommt.

Die ewig „militaristischen" Deutschen von 1945 sind zu wichtigen Stützen des Friedensgedankens geworden. Deutsche Diplomaten und Politiker sind bestrebt, da sie nicht bereit (und aufgrund der Verfassung auch nicht in der Lage) sind, aus dem unmittelbaren Bereich der NATO heraus Gewalt einzusetzen, multinationale Einrichtungen wie die OSZE und die Vereinten Nationen zu befähigen, Frieden erhaltende und Frieden schaffende Maßnahmen zu treffen. Fünfzig Jahre nach der Niederlage im Zweiten Weltkrieg sind auch die „Staatsbürger in Uniform" zu einem wichtigen Element des Bekenntnisses der deutschen Regierung zu friedlichen Beziehungen auf dem Kontinent geworden. Die in der neueren deutschen Geschichte so bekannten militärischen Veranstaltungen und der militärische Einfluß werden nicht nur von der deutschen Regierung, sondern auch vom Militär selbst in engen Grenzen gehalten. Die deutsche Regierung ist ferner zu einem der wichtigsten Fürsprecher des Westens für die Entwicklungsländer geworden und setzt wie nur wenige andere Länder seine Ressourcen für den Ausbau des Gesundheitswesens, der Wissenschaft und Bildung in den ärmeren Nationen der Welt ein.

Man wäre ein unverbesserlicher Optimist, wollte man die schwerwiegenden Probleme, denen sich das Deutschland dieser Tage gegenübersieht, leugnen: Skinheads und neofaschistische Schlägergruppen, Intoleranz gegenüber Menschen anderer Hautfarbe und aus anderen Kulturkreisen, Arbeitslosigkeit und wirtschaftliche Not, besonders im Osten, wachsende Kriminalität in den Städten und Gewalt unter Jugendlichen, politische Polarisierung und Stagnation im sozialen Bereich sowie das ständige Problem der Eingliederung der früheren Gastarbeiter in die deutsche Gesellschaft und Kultur. Diese Aufzählung von Problemen, mit denen sich Deutschland heute konfrontiert sieht, ist bei weitem nicht erschöpfend und sollte auch die Schwierigkeiten nicht verkennen, die das Land dabei hat anzuerkennen, daß Deutschland heute ein viel gesünderer Staat ist als von fünfzig Jahren und daß die Deutschen ihren Beitrag dazu geleistet haben, die Welt sicherer und friedlicher zu machen. Deutschland ist ein Land, das die Verantwortung für den Massenmord an Juden offen, wenn auch mit unguten Gefühlen und unterschiedlichen Resultaten, auf sich nimmt. Mit seinem Eintreten für die soziale Marktwirtschaft ist es bestrebt, Wohlstand zu sichern, ohne eine Unterschicht von Benachteiligten zu schaffen. Es ist ein Land, das Arbeitskräfte ausbildet und seinen Bildungs- und Beschäftigungsauftrag gegenüber allen seinen Bürgern ernst nimmt.

Vor allem aber ist Deutschland ein Land, das im Frieden mit seinen Nachbarn und im Einklang mit demokratischen Zielen lebt. Vor fünfzig Jahren hätten sich nur wenige Deutsche und noch weniger Staatsmänner der Alliierten eine so erfreuliche Zukunft vorstellen können. Stalin war überzeugt davon, daß Deutschland einen weiteren Krieg beginnen würde. Truman und Churchill waren skeptisch, ob die Deutschen überhaupt in der Lage wären, in einer parlamentarischen Ordnung zu leben. An diesem 50. Jahrestag sollten die Deutschen stolz sein auf das, was sie erreicht haben und im Vertrauen auf und in der Verpflichtung gegenüber ihrer Demokratie den kommenden fünfzig Jahren entgegensehen. Sie brauchen beides, um den Herausforderungen des 21. Jahrhunderts gewachsen zu sein.

Theo, wir fahr'n nach Lodz
oder: Ein halbes Jahrhundert...

von Hubert Orlowski

Seit einem halben Jahrhundert begleitet mich, mal weniger intensiv, mal bewußter, die deutsche Geschichte. Als sich in der Nacht vom 22. auf den 23. Januar 1945 die letzten versprengten Wehrmachtsverbände und die Vorhuteinheiten der Roten Armee durch den einzigen Durchmarschweg meines winzigen Heimatdorfes zwängten, wurde mir klar, daß für mein Dorf die Kampfhandlungen des Zweiten Weltkrieges zu Ende gingen. Runde fünfzig Jahre danach — es ist kaum zu fassen, aber der Zufall wollte es — am 23. Januar 1995, konnte ich im Rahmen eines Seminars zum „Bild der anderen: Polen – Deutsche – Polen", in der Akademie der Bundeswehr für Information und Kommunikation in Strausberg einen Vortrag halten. In meinem Heimatort, vor einem halben Jahrhundert, war dem damals siebenjährigen Buben die Große Geschichte ein Buch mit sieben Siegeln. Damals bestand für mich nur ein einziges Interesse: mich und die Nächsten in relative Sicherheit zu bringen. Der Krieg nämlich, samt Nachkrieg mit Plünderungen, Brandstiftung und Vergewaltigungen, war für uns noch lange nicht zu Ende.

Und nun dieser historische Siebenmeilenschritt bis in die Räume der einstigen Beratungszentrale des Warschauer Paktes, um vor hochrangigen deutschen und polnischen Offizieren und Generälen zu dozieren! Ich, ein notorischer Zivilist, der alle Uniformierten vorsichtshalber mit „Herr General" anredet, sollte nun diese bei

einem Einstieg in die Welt national-ethnischer Stereoty-
pie begleiten! Ein Treppenwitz der Geschichte? — Diese
Gedanken ließ ich nun Revue passieren, als die Anfrage
der Humboldt-Stiftung kam, mich mit einem „fremden
Blick" an der 50. Jahresbilanz zum 8. Mai 1945 zu beteiligen.

Zum 8. Mai? Wieso? Zwar habe auch ich eine vage
Kindheitserinnerung an den 8. oder 9. Mai, nämlich
wegen der auf unserem Hofe vor Freude über das
Kriegsende kaum nüchternen und herumballernden
Rotarmisten, doch ist dieses Datum, diese politisch und
militärisch gewichtige Zäsur, für mich von sekundärer
Bedeutung. Sind Daten also doch vielleicht nur Schall
und Rauch? Wohl ja, wenn sie nicht in persönlich
sedimentierter Geschichtsreflexion eingebettet sind.
Geschichtlichkeit, nach Jörn Rüsen, bedeutet soviel wie
erfahrungsbezogene Zeitorientierung. Wenn dem so
wäre, dann könnte ich nun doch zwischen einigen wichtigen Momenten meiner Biographie und der (doppel-)
deutschen Geschichte eine Brücke schlagen.

Zum Beispiel in Sachen „Mauerbau". Wenige Wochen
nach meiner Magisterprüfung durfte ich mit älteren Mit-
arbeitern des Lehrstuhls via Berlin-Hauptstadt der DDR
nach Weimar reisen, zum Sprachkurs. Die Rückfahrt
nach Poznán im August 1961 war ungewöhnlich: wegen
des Mauerbaus mußten wir über Görlitz fahren.

Zum Beispiel in Sachen Ölkrise und Autophilie der
Deutschen. Eben zum Zeitpunkt der Ölkrise durfte ich
zum ersten Mal in die Bundesrepublik reisen, auf den
Nordharzer Sonnenberg, mit einem Vortrag im Koffer.
Sonntags lange Wanderungen auf autofreien Straßen,
Gespräche mit (Post-)Achtundsechzigern. Erfrischend
für einen, der aus dem von der Technologie faszinierten
realsozialistischen Polen der frühen Gierek-Zeit in die

weite Welt bundesdeutscher „herrschaftsfreier Gespräche" hinausreisen durfte.

Zum Beispiel in Sachen Wechselbad zwischen eupho-
rischer Faszination und unreflektiertem Unverständnis
in Sachen Solidarnósc: Deprimierend verliefen nicht
wenige, den früheren verwandte Gespräche in Frankfurt
und anderswo, 1980-1982 und später. Es war schier
unmöglich, Kollegen und Bekannten (nicht nur aus der
„linken Szene") beizubringen, daß antiautoritäre Bewegungen in Polen nicht unbedingt nach den von Lehr-
stuhltheoretikern ausgetüftelten Gesetzen verlaufen
müssen, daß gewichtige Ungleichzeitigkeiten im Spiel
sein könnten. Es war weniger die traditionelle „machtge-
schützte Innerlichkeit" (Thomas Mann) der deutschen
Intellektuellen, als die Erfahrung geldgestützter Geborgenheit und — vor allem — die Gewißheit ideologiever-
bürgter Selbstgefälligkeit, die dabei eine (kognitive)
Überheblichkeit zu Wort kommen ließ. Wie lautet doch
einer von Stanislaw Jerzy Lecs unfrisierten Gedanken?
„Immer wird es Eskimos geben, die den Eingeborenen
von Belgisch Kongo Verhaltensmaßregeln für die Zeit
der großen Hitze geben werden".

Und damit bin ich nun schon wieder bei der irritieren-
den Frage nach der runden Zahl von fünfzig Jahren.
Mentale Uhren ticken anders: Nicht nur die der Reflex-
ionseliten und der politischen Klasse unterschiedlicher
Länder, sondern auch die innerhalb dieser. Die in jüngster
Vergangenheit gefeierten runden Jahrestage, ebenfalls
aus dem Raum deutsch-polnischer Vergangenheit, haben
es überdeutlich demonstriert. Die intendierte Poetik (und
der Verlauf) des im vergangenen Sommer inszenierten
50. Jahrestages des Warschauer Aufstandes sowie die des
50. Jahrestages der Befreiung von Auschwitz dürften
überzeugend vor Augen geführt haben, wie zweckratio-

nal und in die Jetztzeit verwickelt der Toten gedacht worden ist, wie selektiv der Erwartungshorizont die geschichtliche Wahrnehmung zu dirigieren vermocht hat.

Ich fürchte mich vor runden Jahrestagen, da sie fast ausnahmslos dazu geführt haben, den erinnernden Blick zu verstellen. Nach Jahren und Jahrzehnten dagegen bilden derartige „Gesamt(polit)kunstwerke" — ob Goethejahrestage oder Grunwald-/Tannenberg-Feierlichkeiten, ist dabei von sekundärer Bedeutung — dankbare Objekte für Ideologie- und Mentalitätenforscher.

Ich würde mir wünschen, daß aus Anlaß des 8. Mai 1945 (auch) die deutsche politische Klasse intensiver über unseren politisch-mentalen Standort Deutschland-Polen-Mittelosteuropa zu reflektieren bemüht wäre. Ich weiß es nicht, ja: niemand ist sich heute im klaren, ob, und wenn ja, welche epochale Gewichtigkeit unsere knapp bemessene Jetztzeit 1989-95, von der „Wende" bis zum bevorstehenden runden Jahrestag also, haben wird. Sich darüber den Kopf zu zerbrechen, sind verlorene Vernunftmüh' und unfruchtbare Prophetie. Den benannten Standort dagegen aus den geschichtlichen Startlöchern moderner und sich modernisierender Nationen und Gesellschaften in (Mittelost-)Europa zu problematisieren, fern vom Automatismus der Jahrestage und der diplomatischen Geschäftigkeit politischer Entscheidungseliten, ist wünschenswert. Es stimmt zwar, was ich mit authentischer Befriedigung registriere, daß problemträchtige Werke nicht weniger deutscher Geistes- und Sozialwissenschaftler eben den Schlüsselfragen der Neuzeit und Moderne nachgehen, diese jedoch dann als Zeichen, als symbolische Kultur, nur „fragmentarisch" mit Öffentlichkeit ausfüllen.

Woran Hans-Ulrich Wehler unlängst aus Anlaß von Hagen Schulzes Synthese „Staat und Nation in der euro-

päischen Geschichte" (‚Blaue Reihe': Europa Bauen)
erinnerte, nämlich an die Tatsache, daß eben in der ‚Sattelzeit' bzw. ‚Achsenzeit' der Moderne das „Aufkommen
des Nationalismus als moderne Integrations- und Mobilisierungsideologie" anzusiedeln ist, „die sich schließlich
zur mächtigsten ‚politischen Religion' des 19. und 20.
Jahrhunderts — wie inzwischen der Vergleich mit dem
Kommunismus, Faschismus und Nationalsozialismus
lehrt — steigern sollte", das wäre einer symbolischen
Lagerung im weiten Kontext des runden Jahrestages 8.
Mai 1945 wert. Ich vermisse im deutsch-polnischen
Raum ein Netz, eine Kultur von Gedächtnisorten (im
Sinne von Pierre Nora), die alternativ gegen solche mit
dem traditionellen Mobilisierungsstatus von „Wir-Gruppen" gerichtet wäre.

Es ist mir bewußt, daß diese Kultur die Signatur mehrerer Nationen tragen müßte, in dem Falle, den ich
meine, zumindest die der deutschen und der polnischen.
Es ist mir auch bewußt, daß an authentischen Gedächtnisorten, an symbolischen Stätten des Miteinanderlebens
von Deutschen und Polen ein großer Mangel herrscht.
(An symbolischen Stätten des Gegen- bzw. Auseinanderlebens dagegen mangelt es nicht: Grunwald-Tannenberg,
Malbork-Marienburg, Hl. Anna-Berg...). Die jüngste
Vergangenheit dagegen kennt Verlegenheitslösungen:
Der halbherzige Händedruck zwischen Kanzler Kohl
und Premierminister Mazowiecki in Kreisau-Krzyzowa,
dazu noch während eines katholischen Gottesdienstes,
demonstriert die Ratlosigkeit deutscher und polnischer
politischer Entscheidungsträger in Sachen symbolischer
Versöhnungskultur. Ist doch Kreisau ein wichtiger
Gedächtnisort für die deutsche Erinnerungskultur, in
geringerem Maße dagegen für die polnische. Unter wohl
mehreren anderen Möglichkeiten alternativer Aufar-

beitung von tradierter mobilisierender Wir-Symbolik möchte ich nur auf eine hinweisen, da sie in meinen Augen eine besonders bittere und unverständliche politische Schlamperei versinnbildlicht.

Das Dritte Reich, und um dessen Kapitulation geht es ja an diesem Jahrestag, hat auf dem Weg von Erfassungsaktionen eine Machtstaffelung von bisher unbekanntem Ausmaß zu realisieren versucht. „Das Arbeitsbuch (1935), das Gesundheitsstammbuch (1936), die Meldepflicht (1938), die Volkskartei (1939) und zuletzt die Personenkennziffer (1944) — so die Forscher Götz Aly und Karl Heinz Roth — waren die bürokratischen Voraussetzungen für ein abgestuftes System von Lohn und Strafe, für „Auslese" und „Ausmerze". Mit dem Urmaterial der Volkszählung von 1939 wurde in Berlin-Dahlem die Volkstumskartei angelegt, eine Kartei aller Nichtarier im Deutschen Reich; sie enthielt [...] Mischlingsgrade. Das Zählen, Verkarten und Abgleichen erlangte im Dritten Reich bislang wenig bekannte Dimensionen". Die taxonomische Erfassung und ausdifferenzierende Gliederung von Menschen im nazistischen Machtbereich (nicht nur) des okkupierten Polen orientierte sich an solchen Kategorien wie „Reichsdeutsche", „Volksdeutsche", „Bekenntnisdeutsche", „Deutschstämmige", „Eingedeutschte", „Rückgedeutschte"... Sowie an „Polen" und „Leistungspolen". Bis vor kurzem schien mir diese Frage ausschließlich einer historischen Untersuchung wert zu sein.

Doch sie scheint selbst heute noch an partieller Aktualität wenig verloren zu haben. Aus Anlaß der Übergabe des Berliner Document Center „in deutsche Hände" berichtete die FAZ (Stephan Speicher: Nachlaß der Täter. Das Berlin Document Center geht in deutsche Hände über, 30. 6. 1994) wie folgt: „Zunächst wurden mit

131

den Dokumenten die Nürnberger Prozesse vorbereitet. […] Wenn Deutsche noch ein Visum für die Einreise in die Vereinigten Staaten beantragen mußten, wurde ihr Name im Document Center überpüft. Bald aber wurde das Archiv zunehmend von Deutschen zu Rate gezogen. Das gilt besonders für die Akten der Einwandererzentrale Litzmannstadt. Mit dem Krieg im Osten hatte der Reichskommissar für die Festigung des deutschen Volkstums begonnen, die örtliche Bevölkerung unter rassischen Gesichtspunkten durchzuprüfen. Wer als rassisch höherwertig auffiel oder für die deutsche Volkszugehörigkeit optierte, ist mit einiger Wahrscheinlichkeit in den Litzmannstädter Unterlagen erfaßt. Und das kann heute einen großen Vorteil bedeuten. Wer unsere östlichen Nachbarstaaten verlassen und deutscher Staatsbürger werden will, macht das am besten, indem er auf seinen Namen in den Unterlagen der Einwandererzentrale verweist. Bis heute entscheidet das Bundesverwaltungsamt nach dessen Vorarbeit". Zeitlich parallel dazu geriet in meine Hände ein Heft des DFG-Mitteilungsblattes „deutscher forschungsdienst: Berichte aus der Wissenschaft" mit einem Text (Ulrike Bajohr: Integrieren kann sich nur, wer willkommen ist. Deutschstämmige Aussiedler wollen sich unbedingt einfügen, Nr. 6, 1994) über die Integration von 1,5 Millionen Aus- bzw. Umsiedlern aus den Ländern (Mittel)Osteuropas. Und selbst dort verwendet eine der Autorinnen den Terminus „Deutschstämmige Aussiedler" ohne einen Anhauch historischer Reflexion.

„Absolute Macht" — so Wolfgang Sofsky in „Ordnung des Terrors" — „ist absolute Etikettierungsmacht". Im erwähnten Fall hat die taxonomische Stigmatisierung nicht wenige gesellschaftlich, politisch und moralisch folgenschwere Konsequenzen. Das Wegräumen einer derartigen ethisch problematischen und politisch dummen Taxonomie, die mit ihren Wurzeln im völkisch-rassistischen Gedankengut unseres Jahrhunderts steckt, eben aus Anlaß des 50. Jahrestages der Kapitulation, käme in meinen Augen einem — wenn auch recht späten — Sieg über die Ideologie und Praxis des Dritten Reiches gleich. Und er wäre zugleich ein Stück symbolischer Kultur, verwirklicht im Umkreis der Feierlichkeiten zum 8. Mai.

PS (für jüngere Leser): Litzmannstadt ist auf keiner Landkarte zu finden, außer auf einer historischen. In Karl Baedekers Reisehandbuch „Das Generalgouvernement" (Leipzig 1943, S. 14) heißt es: „Die wartheländische Regierungshauptstadt Litzmannstadt, bis 1940 Lodz oder *Lodsch...*" Subtil wird zu verstehen gegeben, daß das „polnische Manchester" Lodz, im 19. Jahrhundert das sogenannte „gelobte Land" – so der Titel des Lodz-Romans von Reymont und dessen Verfilmung von Wajda — nach der Okkupation brutal umbenannt worden ist. Nicht weniger subtil erklärt Kröners „Lexikon der deutschen Geschichte" (Stuttgart, 1977, S. 725) die Umbenennung nach dem Namen des Generals Karl Litzmann: „Im 1. Weltkrieg erzwang er 1914 bei Brzeziny den die Schlacht von Lodz entscheidenden Durchbruch [...] schloß sich 1929 der NSDAP an, die er ab 1930 im Reichstag und im preuß. Landtag mehrfach als Alterspräsident vertrat [...] 1940-1945 hieß [!] Lodz ihm zu Ehren Litzmannstadt."

Wie schön, daß man den Namen Lodz auch mit Namen solch' herausragender Deutscher assoziieren kann wie Karl Dedecius, Jurek Becker...Lieber Theo! Wir fahr'n doch alle nach Lodz und nicht nach Litzmannstadt, nicht wahr?!

Erinnerungen an Deutschland

von Marc Sagnol

Grenzen

Deutschland ist ein sonderbares Land — wegen seiner Grenzen. Im Gegensatz zu Frankreich, England, Italien, Spanien, die auf der Europakarte sofort ins Auge fallen, ist Deutschland nicht durch den Verlauf seiner Außengrenzen zu erkennen. Zudem ist es das einzige große Land in Europa, dessen Grenzen sich erheblich verändert haben, und zwar nicht nur innerhalb eines Jahrhunderts wie etwa Polen oder Ungarn, sondern in nur fünfzig Jahren, mit dem Bau und dem Fall der Mauer. Als ich anfing, in der Schule Deutsch zu lernen, hingen im Klassenzimmer zwei Deutschlandkarten, eine der Höhe nach (die Bundesrepublik), die andere der Länge nach (die Grenzen von 1937 mit der Ausdehnung bis Königsberg) und ich wollte nicht glauben, daß es sich um das gleiche Land handeln konnte.

Die Anziehungskraft Deutschlands kam bis vor kurzem unbestreitbar durch die undurchlässige, das Land in zwei Hälften teilende Grenze zustande, die den Wunsch aufkommen ließ, „die andere Seite anzusehen", jene verbotene und schrecklich unheimliche Welt des „sozialistischen" Teils Deutschlands. Der hauptsächliche Reiz von Berlin, der Grund, warum man aus der ganzen Welt diese Stadt besuchen kam, war die Mauer, die die Stadt von Nord nach Süd durchzog, jene chinesische Mauer inmitten der Stadt, gespickt mit zahlreichen Hindernissen, die deren Überschreitung vereitelten, aber es war

auch das irgendwie schalkhafte Vergnügen, sie über-
schreiten zu dürfen, während andere nicht das Recht
dazu hatten.

Bei meiner ersten Reise nach Deutschland zu einem
Schüleraustausch hatte ich das Glück, in den Harz zu
fahren, wo man mir in Braunlage die Grenze zur DDR
zeigte. An diesem Tag beschloß ich, baldmöglichst zu
sehen, was auf der anderen Seite vor sich ging und wie
man in einer Welt leben konnte, die angesichts ihrer so
guten Bewachung etwas verbergen mußte.

Leipzig

Seitdem Mauer und Stacheldraht verschwunden sind,
hat Deutschland viel von der Faszination verloren, die es
aufgrund dieser Anomalie, dieses Verbotenen in Gestalt
der „anderen Seite" auf das Bewußtsein ausübte. Wie soll
ich aus meiner Erinnerung meine Ankunft auf dem Leipziger Hauptbahnhof bei meinem ersten Aufenthalt in
jener schrecklich düsteren Stadt auslöschen, die Spruch-
bänder, die den 25. Jahrestag der Gründung der SED
zelebrierten, „25 Jahre ununterbrochene Entwicklung",
„25 Jahre auf dem Wege zum Sozialismus", oder die Jungen und Mädchen, die mit blauer FDJ-Bluse in die Schule
oder ins Stadion gingen, oder das Kind mit weißer Bluse
und Pionierhalstuch, das mich fragte, welche Farbe die
Pionierhalstücher in Frankreich hätten, oder die Ober-
schüler, die mich baten, die Internationale auf französisch zu singen, und ich nicht einmal den Refrain kannte.

Wie soll ich das junge Mädchen vergessen, das mich
am Tag meiner Abreise auf den Bahnhof begleitete, im
Bewußtsein, daß sie niemals den Zug in diese Richtung
nehmen würde?

Die DDR reflektierte ein Bild Frankreichs, das mir nicht vertraut war, ja das ich sogar überhaupt nicht kannte. Als ich den Namen Maurice Thorez als Straßennamen in Leipzig vor mir sah, fragte ich mich, was das wohl für eine Persönlichkeit sei, von der ich in Frankreich noch nicht gehört hatte. Andere Straßennamen waren noch seltsamer und exotischer, so etwa die Straße des Komsomol, die Straße der Deutsch-Sowjetischen Freundschaft oder der Platz der Pariser Commune. Diese ganze Mythologie ist jetzt zusammengebrochen und Deutschland in seiner Gesamtheit in die fahle Normalität des Westens gesunken.

Spuren

Obwohl der Wille zur Spurenbeseitigung in Deutschland stark ist, entdeckt man manchmal mit Erstaunen zufällig beim Flanieren eine Inschrift aus einer Epoche, die man hinfällig glaubte und die umso entfernter erscheint, als man sie nur aus Filmen und Geschichtsbüchern kennt, so z.B. in Görlitz jene schreienden Lettern „Wählt Thälmann!" an einer Häuserwand oder in Radeberg, unweit von Dresden, ein aufrufendes Wandbild mit der Aufschrift: „Erlerne den Bauberuf. Gestalte auch Du das sozialistische Antlitz unserer Republik!"

Theater

Das Theater war lange Zeit das Medium, mit dem Deutschland die meiste Anziehungskraft auf Frankreich ausübte. Brecht und das Berliner Ensemble waren das Symbol dafür, und die Blicke der französischen Intellektuellen richteten sich oftmals nach Osten. In diesem Bewußtsein betrat ich 1976 erstmalig jenes Theater im italienischen Stil am Ufer der Spree — am Schiffbauerdamm —, um Brechts *Kaukasischen Kreidekreis* zu sehen. Jedoch war schon damals das Berliner Ensemble nicht mehr das, was es einmal war, und die Aufführung hinterließ bei mir kaum bleibende Erinnerungen. Da mußte man schon eher in den Westteil gehen, zur Schaubühne am Halleschen Ufer oder in die Theatermanufaktur, um avantgardistische Inszenierungen wie *Der Brotladen* von Brecht oder die fesselnde, von Peter Stein inszenierte *Orestie* des Aischylos zu sehen. Die beeindruckendsten Aufführungen desselben Jahres im Osten waren für mich *Tristan und Isolde, Parsifal, Der fliegende Holländer* in der Staatsoper Unter den Linden bzw. *Der Ring* am Leipziger Opernhaus in der Inszenierung von Joachim Herz.

Berlin

Berlin war ein faszinierendes Gebilde mit seinen stillgelegten U-Bahntunnels, mit den Geisterbahnhöfen, an denen die Züge ohne anzuhalten vorbeifuhren, mit den alten mit Unkraut überwucherten S-Bahn-Schienen, den Grenzübergängen aus einer vergangenen Zeit im Untergeschoß des Bahnhofs Friedrichstraße oder am Checkpoint Charlie, den Hasen im Grenzgebiet, den toten Stadtteilen in der Nähe der Mauer, am Zionskirchplatz oder am Arkonaplatz, den vor der Mauer abrupt endenden Straßenbahnschienen wie in der Brunnenstraße, Ecke Bernauer Straße, dem leichten Schauer, der einen bei jedem Grenzübertritt befiel, dem doppelten Verbot, das man beständig übertreten mußte, um in den Osten zu gelangen, dem altmodischen und exotischen Ausse-

hen des anderen Teils hinter der Mauer, der den Eindruck vermittelte, man blicke für wenig Geld in eine
Zeitmaschine.

Seit fünf Jahren ist diese Faszination hinfällig. Mit
ihrem Inseldasein hat die Stadt auch ihre Außergewöhn-
lichkeit verloren, durch die sie sich von den anderen
deutschen und europäischen Städten so deutlich unterschied, und sie entwickelt sich nach und nach zu einer
normalen Hauptstadt, ohne daß sie es vermag, eine
große Anzahl von Intellektuellen und Künstlern anzu-
locken, wie es in den zwanziger Jahren der Fall war.

Dresden

In Dresden geht der 50. Jahrestag der Kapitulation
gänzlich unter im Gedenken an die Zerstörung der Stadt.
Was als glückliches Ereignis betrachtet werden könnte —
das Ende des Krieges, die Befreiung von der Naziherr-
schaft —, tritt in den Hintergrund durch die „Apoka-
lypse", das Trauma des Feuersturms auf Dresden am
13. Februar 1945, der in einer Nacht alle Symbole der
Macht und der Schönheit der Stadt zerstörte, insbesondere die Frauenkirche und das harmonische Gleichgewicht, das sie durch die vom anderen Elbufer sich
abhebende Silhouette herstellte.

Dresden erscheint ganz wie eine Märtyrerstadt und
kann sich in gutem Gewissen und in Unschuld wiegen.
Fünfzig Jahre danach ist sie immer noch die deutsche
Stadt, in der die Spuren des Krieges am meisten präsent
sind, und zwar nicht nur durch ihre mächtigen Ruinen,
wie das Schloß, die Frauenkirche, das Kurländerpalais,
das Coselpalais, die Orangerie, das Palais im Großen
Garten, sondern durch die sozialistischen Bauten, die an

die Stelle historischer Gebäude gesetzt wurden und den noch verbleibenden Teil des historischen Zentrums verunstalten, so der Kulturpalast, der Altmarkt, die Prager Straße, der Pirnaische Platz.

Oder-Neiße

Ein großer Teil Deutschlands, wie es vor fünfzig Jahren bestand, befindet sich heute auf der anderen Seite der sogenannten „Oder-Neiße-Linie", die so ein bißchen das ist, was die „blaue Vogesenlinie" für die Franzosen war. Früher gab es in Frankreich eine französisch-polnische Vereinigung, die sich für „die Anerkennung der Oder-Neiße-Linie" einsetzte, was natürlich meine Neugier entfachte. Die „Oder-Neiße-Linie" habe ich zum ersten Mal 1975 per Anhalter in Görlitz passiert. Der polnische Zöllner bemühte sich, im Gegensatz zu seinem ostdeutschen Kollegen, Französisch zu sprechen: die Sprache wurde als internationaler angesehen, und so brauchte man sich nicht des Deutschen zur Verständigung zwischen Franzosen und Polen zu bedienen. Sobald man die Neiße überschritten hatte, und obwohl die Architektur der Häuser die gleiche war wie in Görlitz, fühlte man sich völlig eingetaucht in die polnische Realität, und keiner wollte mehr Deutsch sprechen, weder in Zgorzelec noch in Wroclaw. Erst in Opole und in Katowice sind mir Leute begegnet, die Deutsch sprachen.

Überreste

Das Bild Deutschlands 50 Jahre danach endet nicht an dessen heutigen Grenzen. Man kann nicht über die tschechische oder polnische Grenze fahren, ohne Überresten, Gebäuden, Inschriften zu begegnen, die an die ehemalige deutsche Besiedlung dieser Gebiete erinnern. In Siřem (Zürau), einem kleinen Dorf in den Sudeten, in dem Kafka lange Monate der Rekonvaleszenz verbrachte, ist es eine Kirchenruine, umgeben von einem verwilderten deutschen Friedhof; in einem Vorort von Děčin hängt an einen alten Betrieb noch ein Schild in gotischer Schrift: „Josef Weihinger, Zeitungsverschleiß", und am Gebäude gegenüber liest man „Konkordia Spinnerei"; oder es sind die in Deutsch beschrifteten Denkmäler aus der Zeit der Befreiungskriege in Chlumec (Kulm) oder aus dem österreichisch-preußischen Krieg in Sadova (Königgrätz); es sind die Kirchen in Schlesien, deren Außenmauern mit Grabsteinen und deutschen Inschriften umgeben sind, überschrieben mit lateinischen und polnischen Texten; es sind die protestantischen Kirchen in schlichtem Stil, aber mit einer Schwarzen Madonna über dem Altar und zahlreichen Skulpturen, Kanzeln und Beichtstühlen, die später hinzukamen, als die Kirchen katholisch wurden; oder die zwei Kirchen, die sich in einem kleinen schlesischen Dorf im Riesengebirge gegenüberstehen: die eine, die protestantische, verlassen und verfallen, die andere, die schon zu deutschen Zeiten katholisch war, wurde von der polnischen Kirche übernommen, und die Gläubigen scheinen gar nicht mehr zu bemerken, daß die Namen der Heiligen an den Kirchenfenstern auf Deutsch geschrieben sind. In der großen Marienkirche in Gdansk sind in den Fußboden riesige Grabplatten, unter denen Prinzen und Bischöfe ruhen, eingelassen und die Inschriften sind deutsch oder lateinisch.

Gdansk: in Frankreich evoziert dieser Name eine durch und durch polnische Stadt, jene der Arbeitsniederlegungen, der Arbeiteraufstände, der ehemaligen Lenin-Werft, kurz die Geburtsstadt von Solidarnosc; man spricht von dem „Gdansker Abkommen" (les accords de Gdansk), während man vor dem Krieg vom „Danziger Korridor" (le corridor de Danzig) sprach und die Wendung „mourir pour Danzig?" (für Danzig sterben?) zum Symbol für eine Politik der Feigheit, des Verzichts, des Verrats geworden ist. In Deutschland ist der Bezug zu dieser Stadt, deren Geist mit dem Namen von Günther Grass verbunden ist, zwangsläufig ein anderer, und man kennt sie nur unter dem Namen Danzig. Im heutigen Polen gibt es keine Tabus mehr. Während es früher unmöglich gewesen wäre, Namen wie Breslau oder Danzig auszusprechen, findet man heute alle deutschen Ortsbezeichnungen in den vor Ort herausgegebenen Reiseführern.

Abwesenheit

Der Jahrestag der Reichskapitulation kann nicht von einem noch erschütternderen Ereignis getrennt werden, das sich ebenfalls zum fünfzigsten Mal jährt, nämlich die Befreiung der Konzentrationslager, der in diesem Jahr mit viel Stärke und Gefühl in Auschwitz gedacht wurde. Wenn auch der 8. Mai 1945 die Niederlage der Politik Hitlers zur Unterwerfung Europas besiegelte, so war es doch zu spät, um den leider totalen Sieg Nazideutschlands zu vereiteln, nämlich die Vernichtung, die vollständige Ausrottung der jüdischen Gemeinden in Deutschland und Mitteleuropa, die „Reinigung", wie man damals sagte, der Städte und Dörfer Europas von Juden, kurz die „Endlösung der Judenfrage", die 1942 in Wannsee beschlossen wurde.

Daraus ergibt sich eine seltsame Anwesenheit in der gegenwärtigen Topographie der deutschen wie der meisten mitteleuropäischen Städte, wodurch sie sich deutlich von einer Stadt wie Paris unterscheiden. Während früher alle deutschen Städte eine amtierende Synagoge und oft auch ein jüdisches Viertel hatten und das geistige Leben in Deutschland untrennbar mit den Leistungen der jüdischen Intellektuellen verbunden war, ist es heute deren Abwesenheit, die auffällt, wenn man nach Deutschland kommt: die Synagogen, die wegen der fehlenden Gläubigen nicht wieder aufgebaut wurden (wie in Dresden, wo sie doch von Gottfried Semper erbaut worden war), die verwilderten jüdischen Friedhöfe, das nicht vorhandene Gemeinschaftsleben, die fehlenden Menschen mit den für deutsche Juden so typischen Namen, der Zusammenbruch der „deutsch-jüdischen Synthese", die große Namen auf den Gebieten der Musik, des Denkens, der Wissenschaft, der Literatur hervorgebracht hatte.

„Worte können unser Unglück nicht beschreiben"

(U. Z. Greenberg, „Die Straßen des Flusses")

Aliza Shenhar

Die fünfzig Jahre, die seit dem Ende des Zweiten Weltkrieges vergangen sind, markieren aus jüdischer Sicht die fünfzigste Wiederkehr der „Shoah", des Holocaust des europäischen Judentums, in dem ein Drittel der Juden umkam. Ohne Zweifel war dies die größte Katastrophe, die die Juden jemals haben erleiden müssen. Aus historischer, sozialer oder militärischer Sicht kann man nach einer allgemeinen Bedeutung des Zweiten Weltkrieges suchen. Was den kulturellen Aspekt anbetrifft, ist es jedoch von heute aus gesehen wegen der relativen Kürze des historischen Abstandes noch nicht möglich, zur irgendwelchen Schlüssen zu gelangen.

Jene, die die unterschiedlichen Aspekte der hebräischen Kultur im heutigen Israel zu bestimmen suchen, werden schnell entdecken, daß die Auseinandersetzung mit dem Holocaust sich beständig weiterentwickelt. Sie spiegelt sich in Literatur, dem Theater, der Dichtung, dem Film, der Musik und den bildenden Künsten. Der Holocaust hat seine Spuren in einer Vielzahl von Künstlern jeglichen Alters, der unterschiedlichsten Richtungen und Schulen hinterlassen. Es ist ein unabgeschlossenes Kapitel jüdischer Erfahrung im allgemeinen und der hebräischen Kultur im besonderen. Dieser Artikel wird sich ausschließlich auf den kulturellen Aspekt im heutigen Israel konzentrieren. Meine Beispiele habe ich, um der Kürze willen, aus der modernen hebräischen Lyrik gewählt.

Nur sehr wenige hebräische Dichter haben versucht, durch Gedichte zu erklären, welche historische Bedeutung der Holocaust hat. Es scheint, daß der Schock des Geschehenen so ungeheuerlich ist, daß es sich als unmöglich erweist, es mit Mitteln des Verstandes und der Logik zu erfassen. Eine ähnliche Schwierigkeit finden wir in der Lyrik selbst. Wie soll man über etwas schreiben, für das es keine Vergleiche in der Geschichte gibt? Während der Wissenschaftler erklären muß, hat der Dichter etwas mitzuteilen. Der Historiker erforscht die Ursachen eines geschichtlichen Ereignisses, der Dichter aber hat das Recht, in einer besonderen Weise darauf zu reagieren, vor allem auf der Ebene des Gefühls.

Hier begegnen wir einer offensichtlichen Spannung zwischen der Pflicht, dem Wunsch und dem Zwang, die Ereignisse des Holocaust in der Literatur zum Ausdruck zu bringen, mit dem Thema irgendwie zu Rande zu kommen, und der Wahrnehmung des Dichters, daß diese Aufgabe unmöglich ist und daß das Thema keinen adäquaten sprachlichen Ausdruck finden kann.

Derselbe Gegensatz existiert dort, wo es darum geht, die entsprechenden Ausdrucksmittel zu finden. Auf der einen Seite spüren die Dichter, daß man die gängigen dichterischen Mittel nicht verwenden kann. Sie fühlen deutlich die Notwendigkeit einer besonderen Poetik, um dieses einzigartige und besondere Thema zu behandeln. Auf der anderen Seite sind sie unfähig, aus ihrer poetischen Tradition auszubrechen, und kehren so ungewollt immer wieder zu den üblichen Ausdrucksformen zurück. Die Mahnung jedoch, daß der Holocaust nicht in der Literatur behandelt werden sollte, hat der Wirklichkeit nicht standgehalten. Gerade dieses Thema, das ja angeblich für die Lyrik unmöglich sein sollte, wurde jedoch immer wieder aufgegriffen. Der Holocaust ist eines der wichtigsten und beständigsten Themen in der hebräischen Kultur und Literatur im allgemeinen, der Lyrik im besonderen. Es wird von verschiedenen Dichtern auf sehr unterschiedliche Weise behandelt. Doch ist es möglich, einige allgemeinere Tendenzen anzudeuten.

Es gibt einen wesentlichen Unterschied in der Lyrik jener, die persönlich den Holocaust erlebt haben (geschrieben in Konzentrationslagern oder in Israel durch die Überlebenden), und der Dichtung jener, die ihn nicht persönlich erfahren haben.

Die Gedichte, die in den Todeslagern und Ghettos geschrieben wurden, handeln vor allem von der Kälte, vom Hunger und vom leidenschaftlichen Wunsch, nach Israel zu gelangen. Es kommt in ihnen auch die Wut über die *yishuv* (die jüdische Gemeinschaft in Israel) zum Ausdruck, die die Juden in der Diaspora ihrem Schicksal überlassen haben, und über die Welt, die sich aus allem herausgehalten hat.

Die Überlebenden haben viele eindringliche Gedichte im Geist poetischer Klage und Trauer geschrieben, die als dichterisches Mahnmal für jene dienen sollten, die umgekommen sind. Doch selbst in den Gedichten, die im Schatten der Vernichtung, und nicht nur in jenen, die nach der Rettung geschrieben wurden, finden sich immer wieder Funken des Glaubens. Es gibt nur wenige nihilistische Motive in ihnen, vielmehr haben sie eine Art uralter prophetischer Struktur: der Wut und dem Tadel folgen Worte des Trostes. Das prägt das Wesen dieser Gedichte. Charakteristisch für die Dichter, die den Holocaust überlebt oder die ihre Angehörigen verloren haben (Väter, Brüder, Schwestern), ist das begriffliche Grundmuster von Zerstörung und Auferstehung. Daneben findet sich die Rache als ein weiteres Grundmotiv. In diesen Gedichten wird aber die Rache als solche nie ins Extrem getrieben. Der Grund dafür mag darin liegen, daß die Holocaust-Lyrik nach innen gerichtet ist. Sie konzentriert sich auf die Menschen, die verbrannt wurden. Rache aber ist nach außen gerichtet und wendet sich im wesentlichen vom Ermordeten auf den Mörder. Es ist wahrscheinlich, daß die Dichter angesichts der extremen Grausamkeit und des Verlustes aller menschlichen Werte es als ihre Pflicht ansahen, das Gegenteil zu betonen und so den Fluch, der ihren Henkern ins Gesicht geschleudert wurde, zu mildern. Das ist das gemeinsame Merkmal der Lyrik, die an den menschlichen Werten festhält, selbst in Gedichten über Aufstand und Vergeltung.

Der Holocaust als Thema zieht zugleich an, wie er abstößt. Es läßt keinen Dichter gleichgültig, wie zeitlich fern er immer auch den Ereignissen stehen mag. Eines der gemeinsamen Kennzeichen dieser Lyrik (sowohl der Generation der Überlebenden und jener, die ihnen persönlich nahestehen, als auch der Generation, die einen Abstand dazu hat) ist eine Form indirekter Annäherung. Die Dichter suchen nach dem Besonderen in der Erfahrung des Holocaust durch Allegorien, die nach bekannten Vorstellungen entworfen sind, alten jüdischen Quellen, Bildern verbunden mit einer Fülle von Assoziationen. Sie spüren die Notwendigkeit, in ihren Gedichten Stellen aus jüdischen Gebeten zu verwenden, Bildern aus der biblischen Überlieferung, dem Talmud, der Midrash und anderen Perioden der jüdischen Geschichte. Man findet in Überfülle jüdische Symbole wie den Messias, den brennenden Dornbusch, Sinai, Nevoh, die Feuersäule, die göttliche Gegenwart, den Tag des letzten Gerichtes, das ewige Licht usw.

Das fehlgeschlagene Opfer Isaaks durch Abraham zum Beispiel ist für sehr unterschiedliche Autoren von Bedeutung. Das zentrale Thema vom Amir Gilboas Gedicht „Isaak" ist das Schicksal der Väter: „Ich bin es, der erschlagen wurde von meinem Sohn, und schon ist mein Blut auf den Blättern". Haim Guri betont in seinem Gedicht „Das Erbe", daß „all' unsere Söhne geboren wurden mit einem Messer in ihrem Herzen". Für den Lyriker U. Z. Greenberg erinnert das Feuer im Krematorium an das Feuer, das Abraham in Ur bei den Chaldäern sah. Blutströme aus den europäischen Schlachthäusern fließen in den Strom der Zeit und der hebräischen Geschichte. Die „Straßen des Flusses" ziehen von den Strömen Babylons zum Jordan und weiter zum Fluß der Auferstehung, so daß die Sintflut zur Metapher für den Holocaust des europäischen Judentums werden kann.

Avigdor Hameini spielt auf die Geschichte der zehn (durch die Römer ermordeten) Märtyrer an. B. Mordechai benutzt die Erzählung von Joseph und seinen Brüdern, während Dan Pagis, ein Holocaust-Überlebender, der als Junge nach Israel kam, auf die Geschichte von Kain und Abel zurückgreift: „Hier, in dieser Wagenladung, bin ich, Eva, mit meinem Sohn, Abel". Das Gedicht heißt „Mit Bleistift geschrieben in einem verplombten Frachtwaggon" und es nimmt bewußt die Form eines nicht beendeten Exzerptes an, eines Fetzen Papiers, das dort zurückgelassen wurde. „Wenn du meinen Ältesten siehst, Kain, den Sohn Adams, sag' ihm, daß ich...". So endet das Gedicht ohne Schluß, im Schweigen, um anzudeuten, daß wir es mit einer unabgeschlossenen Geschichte zu tun haben. Abels Todesreise findet in der Dämmerung der Geschichte statt, und nun begleitet ihn seine Mutter. Die Neigung zur Analogie kann ein Vorteil in Holocaust-Gedichten sein, die auf die Kontinuität der Geschichte schauen. Auf diese Weise wird die Zerstörung des europäischen Judentums sowohl in seiner Einzigartigkeit wie als ein Verbindungsglied in der Kette der Leiden aufgefaßt.

Die Lyrikerin Yoheved Bat-Miriam zeigt, daß „mein Tod auf der Straße" nicht der erste und nicht der letzte ist. So sieht auch sie den Holocaust als Glied in einer historischen Kette der Juden-Pogrome. Aus ihrer Sicht muß diese Kette der Qualen so lange bestehen wie die Diaspora.

Diese Meinung wird auch von dem Dichter Benjamin Tene geteilt. Er schrieb: „Manchmal heißt er Titus, manchmal Haman oder Torquemada, alle aber tragen sie das gleiche Mal, das der Diaspora!" Bei Amir Gilboa heißt es: „Wir sind so jung, aber mit der Erinnerung von tausend Jahren: Sieh' all' die bekannten Gestalten gegenüber deinem Fenster — eine lange Reihe, keiner nah, keiner fern." Eine besondere Bedeutung scheint in dieser Lyrik dem Motiv der Hinwendung zu Gott zuzukommen. Es findet sich sowohl in den Gedichten jener, die in der Tradition des Glaubens verwurzelt sind, wie jener, die nie gläubig gewesen waren. Leid, Einsamkeit, Hilflosigkeit im Angesicht des Todes — all dies erzeugt, so scheint es, die Notwendigkeit, sich etwas Größerem und Mächtigerem zuzuwenden und Schutz in seinem Schatten zu suchen. So wendet sich auch der weltliche Jude hin zu Gott, seinem historischen Vater.

Moshe Tabenkin, aus der zweiten Generation seines Kibbutzes, klagt: „Wie konnten wir von Gott und den Menschen vergessen werden?" Die Heldinnen seines Gedichtes begehen Selbstmord, weil sie in ein Bordell verschleppt wurden. Sie beteten zu Gott, flehten Ihn an, ihre Körper und ihr Blut hinwegzunehmen, bevor sie entehrt würden.

Wie wir sahen, haben die Versuche in der israelischen Lyrik, sich mit dem Holocaust auseinanderzusetzen, ihn zu thematisieren, nicht aufgehört. Aber sie haben neue Formen angenommen. Nicht nur angesichts des historischen Geschehens der Vergangenheit, sondern auch vor dem Hintergrund jüngster Ereignisse. „Ich zieh an das schwarze Fackel-Kleid und ich erhebe mich zum Himmel wie der olympische Rauch", schrieb Yavor Bezer nach dem Attentat auf die israelischen Sportler in München. Das Gedicht lehrt uns, daß die Gründe für die Ermordung in dieser Welt nicht verschwunden sind, und daß auch der Dichter sein gestreiftes Totenkleid aus den Konzentrationslagern aufbewahrt. Als kleiner Junge erlebte Bezer den Holocaust in Europa und kann sich deshalb, verständlicherweise, nicht von den schrecklichen Bildern der Vergangenheit lösen.

Wie das ganze israelische Volk lebt auch die neue Generation der Lyriker im Schatten des Vergangenen und seiner Bilder.

Hier ist ein Beispiel aus Meir Wieseltiers Gedicht „Mama und Papa gingen ins Kino; Ilana sitzt in einem Sessel und schaut durch die Seiten eines grauen Buches":

Sie schaut durch die Seiten, nackte Onkel
Rennen, nackt, und so schrecklich mager
Genauso wie die Tanten mit ihren entblößten Brüsten
Und die Menschen tragen Schlafanzüge
Es sieht aus wie im Theater.
Und mit einem Davidstern aus Stoff.
Nur sind sie alle so schrecklich mager und häßlich
Mit großen Augen wie die von Vögeln.

Es gibt eine Reihe von Gedichten, deren Inhalt unzweideutig auf die Verinnerlichung des Holocaust im künstlerischen Bewußtsein des Dichters weisen. Die Holocaust-Gedichte wirken auf andere Gedichte von

Pagis, die nicht unmittelbar das Thema behandeln. Die Verbindung zwischen diesen und jenen ist ein Motiv, das man als „Evolution" oder „Lebenszyklus" bezeichnen könnte. (Nebenbei bemerkt trägt einer seiner Gedichtbände genau diesen Titel.)

So zum Beispiel drei Gedichte über den Holocaust: „Der Beweis", „Anleitungen zur Grenzflucht" und „Entwurf eines Wiedergutmachungs-Vertrages": Die drei, jedes in seiner Weise, sprechen über Lebenszyklen, die man durchlebt: entweder als Rauch oder als eine „fiktive Gestalt" (dieser ist es verboten, sich ihrer selbst in ihrer alten Gestalt zu erinnern oder sich selbst in ihrem neuen Bild zu vergessen). Oder es bewegt sich in die entgegengesetzte Richtung. Der Rauch wirbelt zurück wie ein Film, den man zurückspult, bis wir einen Menschen in seinem Wohnzimmer sehen, wie er die Zeitung liest, am Vorabend des Holocaust.

Und genau auf diese Weise wird das Thema des Holocaust in den Gedichten von Dichtern umgestaltet, die zu verschiedenen Generationen gehören: es nimmt eine Form an, oder es verliert sie.

Für Meir Wieseltier kommt die Begegnung mit dem Holocaust spät. Er beschreibt es durch die Augen eines jungen Mädchens, Ilana. Wie viele andere auch, versucht sie die schrecklichen Bilder der Menschen in den Konzentrationslagern zu verwischen. Sie fügt ihren Gesichtern Farbe zu, um sie schöner zu machen. In ihrer Naivität malt sie auch das so bekannte Bild des kleinen Jungen neu, der auf dem Weg in die Gaskammern ist.

Sie weiß nicht, daß ihr Zeichnen sich im Schatten der Krematorien vollzieht, deren rote Flammen in der Welt der Menschlichkeit einzigartig sind. „Sie malt ihm einen großen roten Schnurrbart, an dessen Ende ein Vogel sitzt."

Das Gedicht weist darauf hin, daß alle Versuche der israelischen Gesellschaft, sowohl jene der Eltern, die ins Kino gehen, wie auch jener Mädchen, wie Ilana, vergeblich sind: der Holocaust, die Vorstellungen und Bilder, die damit zusammenhängen, werden die Gesellschaft weiterverfolgen, genauso wie sie den Dichter und seine Gedichte verfolgen.

Die Mehrzahl der Holocaust-Überlebenden, die später nach Israel kamen, zogen es vor zu schweigen. Viele von ihnen spürten, daß die Vergangenheit schnell vergessen werden sollte, weil die israelische Gesellschaft sie als stumme Herde betrachtete, die ins Schlachthaus geführt worden war. Es gab kein wirkliches Verständnis dafür, was sie haben erleiden müssen. Doch die zweite Generation kehrte sich dem Thema wieder zu, auf verschiedene Weise, auch in künstlerischer Form. Es gibt genügend Beweise für den sogenannten „Generationen-Sprung". Das bedeutet, daß auch die dritte Generation — die der Enkel und Enkelinnen — in ihrer Weise ebenfalls vom Holocaust betroffen ist. Mittlerweile gibt es eine Fülle psychologischer Literatur zu diesem Thema.

Überdies sollte einmal die staatliche Beteiligung daran untersucht werden, wie das Gedenken an den Holocaust bewahrt wird und welche Auswirkungen sie auf die kulturelle Erfahrung und die individuelle künstlerische Arbeit hat. Wie bekannt, wurde der Tag, an dem der Aufstand im Warschauer Ghetto 1943 letztendlich niedergeschlagen wurde, in Israel zum „Tag der Erinnerung an den Holocaust und das Heldentum" ausgerufen. Es ist der Tag der Solidarität mit den Holocaust-Opfern, und es ist auch der Tag nationaler Trauer: Alle Vergnügungsstätten sind an diesem Tage geschlossen. Er beginnt mit einem staatlichen Trauerakt in Yad Vashem. Bei dieser Zeremonie liegt die Betonung auf dem Heldentum, weil jeder Helden benötigt. Aber das Problem mit dieser Vorstellung von Heldentum im Holocaust ist so offensichtlich wie die Schwierigkeit, sich beständig mit jenen Dingen zu beschäftigen, die mit diesem traumatischen Thema verbunden sind. Das gilt für die Öffentlichkeit ebenso wie für jeden einzelnen. Spiegelt diese Institutionalisierung des Holocaust in organisierten Zeremonien, die unter dem Titel „Erinnern und niemals vergessen" stehen, nicht eher den Wunsch zu vergessen und zugleich die Unfähigkeit, es nicht zu können?

Die Zeit fordert Vergessen. Aber im Bewußtsein der israelischen Öffentlichkeit, sowohl der institutionalisierten wie auch der nicht-institutionalisierten, lebt die traumatische Erfahrung des Holocaust fort, und das Problem, mit ihr umzugehen, ist noch nicht gelöst.

Die Konfrontation zwischen dem Holocaust als einer dauernden Erinnerung und der Forderung der Zeit, zu vergessen, findet seinen Ausdruck in den Gedichten von T. Carmi mit dem Titel: „Es gibt keine schwarzen Blumen". Die Zeit ist 1945–46. Der Ort ist eine Anstalt für Flüchtlingskinder in Nordfrankreich. Trotz der Tatsache, daß die Handlung nach dem Holocaust spielt und daß der Dichter über Kinder spricht, die gerettet wurden, sind es immer noch die Vorstellungen der jüngst vergangenen Vernichtung, die die Bilderwelt dieses Textes formen. Ein offizieller Brief vom Innenministerium fordert dazu auf, die Anstalt zu evakuieren auf Grund von Ereignissen, die mit der Kernforschung zu tun haben. Der Brief enthält Wörter wie „Bekaa, Kikar, Maayanot", die auf das biblische Sodom anspielen. Das Wort „Kamine" verknüpft die aktuelle Geschichte mit den Konzentrationslagern. Der Aspekt der Bedrohung klingt auch im Namen der Anstaltsleiterin an: *lo-imi*, was „nicht meine Mutter" bedeutet. Es korrespondiert mit der Namengebung zu Anfang des Buches „Hosea". Die neue Mutter ist „nicht meine Mutter", im Gegensatz dazu jedoch ist die dichterische Struktur eine der Wiederkunft und Hoffnung.

Die weißen Farben überwiegen die schwarzen. Eine Hymne auf das Leben bricht aus den Lungen und den verdorbenen Zähnen der Kinder hervor. Es ist das Gegenteil ihres schrecklichen Schicksals während des und kurz nach dem Holocaust. „Es gibt keine schwarzen Blumen" behauptet der Dichter.

> Oh, Mutter, Mutter
> Wie ein Mandelbaum
> Öffne ich mich in das Herz des Frühlings —
> Mit Flöten des Morgens
> In das Herz des Frühlings
> Es gibt keine schwarzen Blumen!

Anstelle der Klage, die der Toten gedenkt und den Tod bezwingt, und anstelle der Geschichte des Untergangs und des Aufrufs zur Vergeltung folgen zwei andere Gedichte, die die Hoffnung und die Rückkehr zum Leben betonen.

Die Gründung des Staates Israel als einer positiven, konstruktiven und tröstlichen Antwort spielt deshalb eine wichtige Rolle in dieser Lyrik. Einer der bedeutendsten hebräischen Lyriker, Nathan Alterman, ersetzt die direkten Assoziationen an die Gaskammern durch eine abstraktere und allgemeinere historische Sicht. In seinem Gedicht „Freude des Armen" schreibt er:

> Gesegnet sei der Arme, verspotteter Wurm,
> umzingelt, gehänselt, geschlagen, untergegraben,
> Brichst wieder hervor, erinnerst dich, haßt,
> Findest keine Ruhe, keinen Tod.

Der „Wurm" spielt auf den Wurm Jakobs an (Jesaja 41, 14). Das Wort „untergegraben" weist auf das Schicksal Jerusalems hin, das in wörtlichem Sinne von den Römern untergepflügt wurde. Der Dichter verbindet das Motiv der Größe mit dem Motiv des Opfers. Aber es ist dies keine christliche Sicht der Welt, in der so sehr das Erleiden und Erdulden betont wird. Altermans Sicht ist dialektisch und periodisch. Der „lebende Tote" zielt auf die nationale Wiederauferstehung und ihre Grundlagen. Was wahr ist im Hinblick auf „das silberne Tablett, auf dem der jüdische Staat den zukünftigen Generationen präsentiert wird", ist wahr auch im Hinblick auf den historischen Prozeß als ganzem:

> *Der Bote berichtet ihm — es ist alles aus*
> *Mit deinem Sohn nur kommt die große Erlösung.*

Hier ist der Sohn nicht der Gegensatz zur Todesbotschaft, die überbracht wird. Der Sohn ist Teil der Wirklichkeit der Stadt, die dem Feind anheimfällt. Aber er trägt das Heil in sich. Alterman prüft den Zweiten Weltkrieg aus der Sicht der „ägyptischen Plagen". Im letzten Gedicht seines Zyklus über die „ägyptischen Plagen" spricht er von der Hoffnung, die das Wesen aller blutigen Zeitläufte ist. Der Gedanke von der großen Erlösung gehört untrennbar mit der Stadt zusammen, die erobert und zerstört wird, und auch die Zeit, in der dies geschieht, erhält gleichsam ihren Sinn durch die Regelmäßigkeit des Zeiten-Flusses.

Es wurde schon erwähnt, daß die Holocaust-Lyrik wie auch die Dramatik und Prosa, die dasselbe Thema behandelt, sich weiterentwickelt, weil jede Generation von Schriftstellern ihre eigenen neuen Kapitel hinzufügt. Doch wenn man sie (mit den Worten des Dichters Itzhak Katznelson) als „Klage über die ermordeten Juden" betrachtet, muß man sich eingestehen, daß das meiste schon gesagt worden ist. Die Klage hat ihre Wurzeln in den Zeiten des Unglücks. Es ist dies der Stil der „Schriftrolle", es sind „Klagen" über die Zerstörung Jerusalems. Aber die „Schriftrolle des Feuers", die Haim Nahman Bialik geschrieben hat, ist keine deutliche Klage auf den zerstörten Tempel, sondern eher eine Trauer um das persönliche Schicksal des Dichters, der ein verständliches Symbol braucht. Verfolgt man die Entwicklung des Holocaust-Themas in der modernen hebräischen Lyrik fünfzig Jahre danach, kann man beobachten, wie der elegische oder pathetische Ton durch Ironie ersetzt wird. Dem Holocaust gegenüber nimmt der Dichter nun eher die Rolle eines Beobachters als die eines aktiven Teilnehmers ein.

Die Gedichte von Haim Guri, die er nach seinen Gesprächen mit Überlebenden der Konzentrationslager geschrieben hat, gleichen nicht jenen von Nathan Zach (zum Beispiel „Wider den Abschied" oder dem von Jehuda Amikai in seinem Gedicht „Mein Sohn, mein Sohn, mein Kopf, mein Kopf", in dem er Auschwitz erwähnt). Es ist keineswegs Leichtfertigkeit oder Verharmlosung des grauenvollen Aspekts dieses Themas und seiner bedrohlichen Gewalt, wenn der Trauernde sich ihm nun in einer anderen Weise nähert, eine andere Haltung ihm gegenüber einnimmt. Dieser neue Zugang ist ein Ergebnis der vergehenden Zeit selbst, die notwendigerweise die Natur der Haltung ändert. Wenn wir unter Holocaust-Lyrik Dichtung der Klage meinen, die die Reihe der Greueltaten betrauert, so muß gesagt werden, daß der Großteil dieser Lyrik während oder unmittelbar vor dem Zweiten Weltkrieg geschrieben wurde. Wenn wir unter Holocaust-Lyrik verschiedene Annäherungen an das Motiv der Vergangenheit verstehen, dann ist es unmöglich, sie aus chronologischer Sicht zu begrenzen. Die Fortdauer dieser Lyrik wird von den unterschiedlichen Wegen abhängen, auf denen sich die hebräische Kultur und das kollektive historische Gedächtnis in Israel entwickeln.

Aus dem Englischen von Norbert Gabriel, Bonn

Deutschland rückt uns näher

von Zhang Yushu

Meine ersten Begegnungen mit Deutschland wurden vermittelt durch einen Franzosen, Romain Roland, der in seinem gigantischen Roman *Jean Christoph* Beethoven als seinen Helden darstellte und dessen Heimat, eine alte kleine verschlafene Stadt am Rhein mit ihrer idyllischen Atmosphäre sehr anschaulich beschrieb, und einen Russen, Iwan Turgenew, der in den ersten Abschnitten seiner Novelle „Asja" mit poetischen Ausdrücken schilderte, wie der Held seiner Novelle, in Baden-Baden angekommen, unterwegs zum Heilbrunnen von hübschen blonden deutschen Mädchen, die da spazierengingen, mit wohlklingendem „Guten Abend" leise begrüßt wurde.

So wurde mir Deutschland als ein Land vorgestellt, mit einer romantisch gefärbten Landschaft, das Künstler wie Ludwig van Beethoven hervorgebracht hatte, und mit einer wohlklingenden Sprache, die sich auch in das Ohr des anspruchsvollen Ausländers einschmeichelte.

Daher entschied ich mich vor vierzig Jahren für Deutsch, ohne zu zögern, als wir Neuimmatrikulierten die Entscheidung treffen sollten, welches Fach man wählen wollte, wobei ich sicherlich an die idyllische Landschaft, die schöne Musik und die wohlklingende Sprache der Deutschen dachte. Eine Entscheidung, in der ich mich bestärkt fühlte durch einen musikliebenden Dozenten, der uns zwei Gedichte von Heinrich Heine beibrachte: *Auf Flügeln des Gesanges*, vertont von Mendelssohn Bartholdy, und die *Loreley*, vertont von Silcher,

157

eine große angenehme Überraschung, weil der melodische Wohlklang der deutschen Sprache unsere Erwartungen übertraf. So wurden wir von Heine auf Flügeln seines Gesanges fortgetragen nach den Fluren des Rheines, der Elbe, des Neckars und der Isar, wo ein idyllisches Land in mystischem Nebel und in romantischen Wolken in der Ferne verlockend schillert, mit lauter weisen Denkern, die, in weltumgestaltenden und weltverändernden Gedanken vertieft, auf dem Philosophenpfad wandern, und feinfühligen Dichtern, die mit ergreifenden Gedichten und rührenden Melodien schöne Mädchen, schöne Natur und schönes Leben besingen. Das war unsere Vorstellung von Deutschland, vom deutschen Volk, Volk der Dichter und Denker.

Aber je mehr wir von Deutschland wußten, um so frustrierter waren wir. Es tauchten Begriffe auf wie Konzentrationslager, Kristallnacht, Blitzkrieg, Gestapo, mit denen schreckliche Verbrechen verbunden waren. Wie bei dem lesenden Arbeiter im Gedicht von Bertolt Brecht entstanden auch in unserem Gehirn lauter Fragen. Denn das, was wir von diesem Land nun wußten, ließ sich nicht mit dem Bild einer Nation der Denker und Dichter harmonisieren. Buchenwald, Dachau, Auschwitz, Furcht und Elend des Dritten Reiches. Was ist in diesem schönen Land geschehen? Wer baute so zahlreiche Konzentrationslager? In den Büchern stehen die Namen der Nazihäuptlinge.

Haben sie selbst die Gaskammern montiert und Millionen Juden eigenhändig umgebracht? Wo waren die Denker und Dichter, die uns Wahrheiten lehrten und Tyrannen brandmarkten, wo waren die Dichter und Denker, die uns die Schönheit der menschlichen Seele, der Natur und des Lebens offenbarten, als die unmenschlichen Greueltaten verübt wurden? Warum starben so viele romantisch veranlagte Deutsche, die mit Novalis und Hölderlin im Rucksack an die Front zogen, den unsinnigen „Heldentod"? Hitler griff Europa an, er allein? Welchem Zweck diente die hochentwickelte Wissenschaft und Technik? Dem bestialischen Massakrieren? Der blindwütigen Zerstörung? Wurde die Philosophie, derentwegen Deutschland von der ganzen Welt geschätzt wird, plötzlich geprägt durch Menschenverachtung, Todesverherrlichung und Zynismus?

So viele Absurditäten. So viele Fragen.

Mit diesen Fragen haben wir uns herumgeschlagen. Unser idyllisches Deutschland wurde allmählich durch ein Deutschland voller Widersprüche ersetzt. Ich fragte mich immer: Wie war es möglich, daß aus dem Volk der Dichter und Denker so viele Henker und KZ-Wächter hervorgehen konnten? Wie war es überhaupt möglich, daß ein so intelligentes Volk wie das deutsche es dulden konnte, sich von Unmenschen wie Hitler und Goebbels herumkommandieren und in die größte Katastrophe hineinschleppen zu lassen, die die Deutschen und die ganze Menschheit schwer betroffen hat? Ein Rätsel, das wir Chinesen erst nach der Kulturrevolution richtig zu begreifen, zu analysieren und zu lösen vermögen.

Erst als wir die bitteren Erfahrungen mit unserer Viererbande während des zehnjährigen Alptraums gemacht hatten, begriffen wir, warum die Deutschen auf die *Führerbande* reinfallen konnten, weil wir selbst den gleichen Prozeß des Reinfallens und des bitteren Erwachens hinter uns gebracht hatten.

Außer der Ähnlichkeit zwischen den beiden Begriffen „Führerbande" und „Viererbande" wurde noch eine ganze Menge von Parallelen festgestellt: die Anfälligkeit der braven Bürger gegen die raffinierte Kunst der Rattenfänger. Der Glaube macht blind, und die Not macht leichtgläubig und anfällig für Demagogie, während Angst entwaffnend und entmutigend auf die sonst Mutigen und Intelligenten wirkt.

Die Bezeichnung NSDAP war schon ein Meisterstück der Demagogie, denn jeder fühlte sich dadurch von dieser Bewegung angesprochen und miteinbezogen: Der nationalistisch Gesinnte, der zum Sozialismus Tendierende, der Deutschland Verherrlichende und der in der Arbeiterbewegung aktiv Mitwirkende, Anhänger des Chauvinismus und Militarismus über Liberalismus bis hin zum Sozialismus. Ich weiß nicht, wer sich noch von all diesen Begriffen ausgeklammert fühlen könnte. Die Nazis schienen sich in der Massenpsychologie auszukennen.

Mit Publikationen wie Hoffmanns Photoalbum wurde das betrügerische Image eines Volksführers verbreitet, der leutselig mit einfachen Leuten auf seinem Spaziergang plauderte, der für die Kinder immer Zeit hatte, der mit Kindern, die er eingeladen hatte, spielte und sie väterlich bewirtete, eine väterliche menschliche Figur.

Durch solche Lügenpropaganda und Massenhysterie berauscht und hingerissen konnten auch diejenigen, die sich, durch Humanismus und Aufklärung geschult, eigentlich ihres eigenen Wertes und ihrer eigenen Würde sicher waren, noch dazu neigen, einen Gott zu schaffen, zu dem sie freiwillig aufblickten und hinterher dann unfreiwillig aufblicken mußten, einen Gott, vor dem selbst diejenigen, die ihn geschaffen hatten, auch zittern und auf die Knie fallen mußten. Ein Ungeheuer ist dann heraufbeschworen. Man macht jemanden zum Gott und leidet dann hinterher unter dem gemachten Gott. Dieser Gottmachung- und Unter-Gott-Leiden-Prozeß ist die Tragödie unseres Jahrhunderts.

So zog man an die Front voller Glauben, ja voller Aberglauben an den göttlich verehrten Führer, dem es gelungen war, die Anarchie der Weimarer Republik mit eiserner Faust zu beseitigen und den Arbeitslosen so viele Arbeitsplätze zu schaffen, indem die Kriegsindustrie auf vollen Touren lief, voll Glauben an den unbesiegbaren größten Feldherrn aller Zeiten, dem es gelungen war, Deutschland aus dem Schlamm der Schmach und Schande zu ziehen und Erzfeinde in die Knie zu zwingen. Benebelt durch Siegesjubel, der täglich aus Lautsprechern dröhnte, mehr als alles Jubelgeschrei der vergangenen Jahrhunderte zusammen. Der Menschenverstand versagte, weil die Demagogie eine Droge ist, die einen um den Verstand bringen kann. Madame Roland hat, bevor sie guillotiniert wurde, einen Seufzer ausgestoßen: „Ach, Freiheit, wieviele Verbrechen sind in deinem Namen begangen worden." Das Wort Liberté läßt sich in unserer Zeit auch durch „Revolution", „Vaterlandsliebe" oder sonstiges ersetzen.

Nicht nur die einfachen Leute, auch die gescheitesten Köpfe der Nation wurden von dieser Demagogie hypnotisiert und betäubt, als ob man von einer Kobra angestarrt würde und sich innerlich entwaffnete. Der Schriftsteller Adolf Bartels begrüßte den Nationalsozialismus bereits 1924 als „Deutschlands Rettung". Ihm folgten der Dichter Gottfried Benn und der Philosoph Max Heidegger. Die deutsche Misere zeigt sich dadurch, daß viele namhafte Professoren, zu denen man mit Respekt aufzublicken pflegte, plötzlich knieweich geworden waren und dem neuen Potentaten aufs unterwürfigste huldigten. Dies hatte katastrophale Wirkungen auf die Massen, die von ihnen mehr Charakter, mehr Einsicht erwartet hatten.

Danach herrschte in Deutschland der braune Terror. Indem die Führerbande behauptete, daß sie eine neue gesunde Kunst schaffen wollte, die den kerngesunden Arier verherrlichen sollte, wurden die jüdischen Schriftsteller als Ungeziefer vertrieben oder vernichtet, ihre Werke von nationalsozialistisch gesinnten Studenten auf den Scheiterhaufen geworfen, als giftiges Unkraut, dessen Geruch die jungen Leute vergiften würde. Es handelte sich um Denker und Dichter wie Marx und Freud, Heine und Stefan Zweig, deren Werke die Geistesgüter der Menschheit gewaltig bereichert haben. Indem die Führerbande behauptete, daß sie „gegen Dekadenz und moralischen Verfall", „für Zucht und Sitte in Familie und Staat", „gegen entartete Kunst und Künstler", „für idealistische Lebenshaltung" eintreten wollte, wurden die Expressionisten und die Künstler der Moderne sowie fortschrittliche Schriftsteller und Künstler als Entartete verdammt und verbannt.

Auffällige Ähnlichkeiten mit unserer einmaligen Kulturrevolution. Da die Judenverfolgung in China unbekannt war, wurden von der Viererbande die Intellektuellen als Urheber allen Übels hingestellt. So wurden namhafte Künstler als entartet verfolgt und hervorragende Schriftsteller als Giftmischer angegriffen, die durch ihre Werke — alle giftiges Unkraut — die Jugendlichen zu vergiften trachteten, mitsamt ihren ausländischen Kollegen, einschließlich des Marx-Freundes Heinrich Heine, der als wankelmütiger Intellektueller angeblich Angst vor dem Kommunismus haben mußte. Auch die Termini der Führerbande ähnelten denen der Viererbande. Viele Losungen decken sich fast wörtlich. Auch die Viererbande wollte mit allen alten Sitten und Gebräuchen, allen alten Ideen und Kulturen brechen, um dann eine völlig neue Kultur zu schaffen, eine Kultur, die

162

aus der einmaligen Kulturrevolution hervorgehen sollte, die sich aber nun als Vandalismus und Obskurantismus erwiesen hat. Viele Kulturdenkmäler waren auch diesem Wahnsinn zum Opfer gefallen, eine geistige Bewegung, die wegen raffinierter Demagogie anfangs auch von vielen Denkfähigen und Scharfsichtigen als etwas Positives mit Begeisterung begrüßt wurde, die nachher zu einer Massenhysterie ausgeartet ist, in deren Strudel Millionen- und Abermillionen hineingesogen wurden, vor allem die leichtgläubigen Jugendlichen, die auf einen mit Blumen bestreuten Irrweg geführt wurden.

Aber die Menschen können nur vorübergehend an der Nase herumgeführt werden, auf die Dauer lassen sie sich weder betrügen noch einschüchtern. Die Absurditäten bleiben Absurditäten, Verbrechen bleiben Verbrechen. Die nackten blutigen Tatsachen können nicht ausgemerzt werden, sie sind viel überzeugender und wirksamer als alle beschönigenden buntscheckigen Schilderungen der Kriegs- und Parteiliteratur.

Ein Regime, das große Geister zu Zwergen und Zwerge zu Führern aller Ebenen machte, ein Regime, das die Bürger zum Lügen und zum Töten zwang, ein Regime, unter dem alle Werte auf den Kopf gestellt wurden und alles verkehrt war, indem das Recht Unrecht genannt, Verbrechen als Heldentaten und Verdienste, Greueltaten als Siege gefeiert wurden, war von Anfang an zum Scheitern verurteilt. So trat vor fünfzig Jahren plötzlich die „Stunde Null" ein.

Und die Zeit stand still, alles war mit dem braunen Spuk weg. Ein Traum war aus, der Traum von dem tausendjährigen Reich. Man fand Trümmerhaufen überall. Hunger, Kälte, Verzweiflung, keine Spur von Siegeswonne und Siegestaumel, keine Spur von Herrlichkeiten, die einem einst versprochen wurden. Alles, was früher so wertvoll schien, war über Nacht wertlos geworden. Der größte Führer, an den so viele blindlings geglaubt hatten, für den so viele bereit gewesen waren, sogar zu sterben, hatte sich als ein Verbrecher entpuppt. Konnte man das alles jemals überwinden? Woran soll man noch glauben? Die Lebensessenz schien ausgetrocknet, versiegt zu sein. Eine undurchdringliche Finsternis, eine bedrückende Atmosphäre herrschte in Deutschland. Mutlosigkeit, Ausweglosigkeit, Verzweiflung, Glaubenskrise und Frustration, Deutschland lag am Boden, geistig wie materiell.

Schon kurze Zeit danach ereignete sich ein Wunder: Der am Boden Liegende richtete sich allmählich auf wie ein Phönix, der durch das Feuer aus der Asche wieder auferstanden war. Diese Auferstehung war aber begleitet von einem Prozeß des Bekennens zum kulturellen Erbe der deutschen Aufklärung und der deutschen Klassik, zur Toleranz bei „Nathan dem Weisen", zum beharrlichen Streben bei „Faust", zur Versöhnung und Verbrüderlichung aller Völker bei der Ode „An die Freude" und mit einem schmerzhaften Prozeß des Verneinens, weil es furchtbar schmerzte, das zu verneinen, was man einmal bejaht und verherrlicht hatte, wofür man sich sogar eingesetzt hatte, wofür man bereit gewesen war, bis zum letzten Atemzug zu kämpfen.

Es begann ein mühseliger und langwieriger Prozeß des Nachdenkens über die Vergangenheit und der Auseinandersetzung mit dem vergangenen und begangenen Irrtum.

Schriftsteller jener Jahre, die die frustrierten Massen zum Nachdenken aufforderten, die ihnen halfen, sich mit den Irrungen und Wirrungen der jüngsten Vergangenheit auseinanderzusetzen, die den Mut hatten, sich und den anderen die Wahrheit zu sagen, gegen sich selbst und gegen die anderen ehrlich zu sein, keine Beschönigung, keine falsche Heroisierung, keinen falschen Optimismus zu fördern, eine erschütternde, aber auch ernüchternde ehrliche Antwort auf alle Fragen zu geben, wenn sie auch hart klang und verletzend wirkte wie wirksame bittere Medikamente — diese Schriftsteller haben sich verdient gemacht, nicht nur um die Bereicherung der deutschen Literatur, sondern auch um den Weg Deutschlands aus der Krise, aus dem geistigen und materiellen Vakuum.

Heute versteht man besser, was die Deutschen in der „Stunde Null" zu einem neuen Start ermutigte, woraus sie die Kraft zu einem neuen Leben schöpften. Die Quelle des neuen Lebensmutes lag im Innern der Seele der Deutschen, in dem Willen, Schluß zu machen mit der Vergangenheit, in dem beseligenden Gefühl, die Wahrheit sagen zu dürfen und nicht mehr lügen zu müssen, wieder frei zu sein, wieder Herr seiner selbst und seines Landes zu sein.

Auch wir Chinesen sind anders geworden, als wir zu Beginn des zehnjährigen Wintermärchens waren. Als wir aus dem Alptraum erwachten, stand uns das Deutschland der Null-Stunde sehr nah. Auch wir fanden Trümmerhaufen vor, mehr unsichtbare als sichtbare. Auch wir fühlten uns seelisch wie geistig befreit. Auch wir schöpften Kraft und Mut zum Neubeginn aus unserer eigenen Seele. Auch wir fühlten uns angesprochen durch Werke von Brecht, Böll und Grass. Auch deswegen wurde der *Klassenaufsatz*, ein Hörspiel von Erwin Wickert, ins Chinesische übersetzt, als Radiosendung mit einem Preis gekrönt und von Studenten-Theaterensembles aufgeführt. So viele Ähnlichkeiten, so viele Lehren hat man zu ziehen, aus unseren bitteren Erlebnissen, aus den Erfahrungen der Deutschen.

165

Nicht nur Fakten und Daten über Deutschland müssen vermittelt werden, sondern vor allem der innere Prozeß der geistigen Entwicklung, den die Deutschen in diesen Jahrhunderten mitgemacht haben, muß erläutert und untersucht werden, mit der Seele, mit der Mentalität der Deutschen muß man sich befassen, erst dann kann man verstehen, daß die Deutschen zum großen Teil den Hurrapatriotismus verwerfen und gegen den Antisemitismus sind. So kann man trotz links- oder rechtsextremistischer Gewalttaten dennoch fest davon überzeugt sein, daß die Deutschen nicht fremdfeindlich sind.

Was kann uns besser davon überzeugen als Zeugnisse in literarischen Werken von bleibendem Wert? Z.B. in Werken von Heinrich Böll, wo der einfache Soldat, auf sich selbst gestellt, wie ein willenloses Spielzeug von der mächtigen Kriegsmaschinerie in den Strudel der Vernichtung gesogen, wie ein Steinchen an die Front katapultiert, in die Katastrophe getrieben und ins Gemetzel geschleudert wird. Wer solche Schrecknisse direkt oder indirekt erlebt hat, wird niemals Ja sagen zu deren Wiederholung. Wer die miserable Stimmung im „Haus ohne Hüter" und die Trauer und die Apathie der Witwe durch die anschauliche Beschreibung des Schriftstellers wahrnimmt, der weiß, daß man Nein zu der Wiederholung solcher Tragödien sagen würde. Wer so unerbittlich gegen die geistige Unterdrückung und Verfolgung gekämpft hat, wer sich oft an die warnende Prophezeiung von Heine „Wo die Bücher verbrannt werden, wird auch der Mensch verbrannt werden" erinnert, wird nie erlauben, daß der braune Spuk wieder in Deutschland herumgeistert, der Totalitarismus noch einmal in Deutschland tobt und der Mensch wieder in Furcht und Elend zittern und darben muß. Das alles muß der jungen Generation in der Schule und in Medien vermittelt werden.

Meine letzte persönliche Begegnung mit Deutschland war vor zwei Jahren, als ich die Fremdfeindlichkeiten der Extremisten und die Reaktion der Bürger und der Medien miterlebte und genau verfolgte. Ich bewunderte die Bürgerinitiativen in manchen deutschen Städten, die sich gegen die Fremdfeindlichkeit erhoben. In München und Köln wie auch in anderen Städten demonstrierten alt und jung, groß und klein, Mann und Frau mit brennenden Kerzen in der Hand gegen die Gewalt. Reif geworden durch die Leiden, die ihnen in der nicht allzu fernen Vergangenheit aufgezwungen worden waren, riefen die Menschen ein lautes, eindeutiges, entschiedenes: „Halt" gegen die verbrecherischen Taten einer Handvoll Fanatiker. Man freut sich, daß jetzt ein ganz anderes politisches Klima in Deutschland herrscht und das Land, wo solche Kerzenzüge stattfanden, nicht der Nährboden des Fanatismus ist. Ich hoffe, daß die Welt dies sieht: ein neues Deutschland ist entstanden, aus den Trümmern vor fünfzig Jahren, ein völkerfreundliches und friedliebendes Deutschland.

Zur Entstehung
einer israelischen Schizophrenie:
Amalek und Deutschland
zwischen Vergangenheit und Gegenwart

von Moshe I. Zimmermann

Fünfzig Jahre sind seit dem Ende des Zweiten Weltkriegs vergangen. Diese Jahre standen im Zeichen einiger anderer wichtiger Daten, die die Position der israelischen Öffentlichkeit Deutschland gegenüber und der
Welt überhaupt entscheidend bestimmten: der Staat Israel entstand, wie die Bundesrepublik Deutschland, in den
Jahren 1948–49, und vor dreißig Jahren nahmen die beiden Staaten diplomatische Beziehungen auf. Vor fünf
Jahren kam es zur Vereinigung Deutschlands, die „Deutsche Demokratische Republik", mit der Israel zu keinem
Zeitpunkt diplomatische Beziehungen besessen hatte,
verschwand von der Bildfläche. Diese Daten führten zu
einer neuen Realität und beeinflußten in hohem Maße
die Positionen der israelischen Öffentlichkeit. Doch stärker als der Einfluß der Ereignisse und Fakten selbst war
der Einfluß der Bilder und Images, die in Israel durch die
historischen Interpretationen erzeugt wurden und die im
Laufe der vergangenen fünfzig Jahre zu einer Mythosbildung führten.

Das biblische Konzept der „Absonderung des Volkes"
(Num 23, 9) errang eine bevorzugte Position im israelischen Selbstverständnis bei gleichzeitiger Betonung der
feindlichen Haltung aller anderen Völker gegen Israel
und Juden. Beinahe möchte man sagen, der Zionismus

habe das Image eines Volkes unter ständiger Belagerung hervorgerufen, wobei die Kräfte dieser Belagerung in erster Linie die arabischen Nationen, „der Araber", und die Ostblocksaaten unter Führung der Sowjetunion waren. Beide politischen Kräfte stellten nun in der Tat im Verlauf etlicher Jahre eine reale Bedrohung für den Staat Israel dar, so daß die in Bezug auf beide Pole einsetzende Mythosbildung durchaus eine realpolitische Basis hatte, auf die sie sich stützen konnte. Doch im traditionellen Zionismus und im Judentum allgemein nahm das Bild des historischen Feindes, der in keinem Zusammenhang mit einer bestimmten Gegenwartsrealität steht, weiterhin breiten Raum ein. Hier fügte sich das Image „des Deutschen" nach israelischer Ansicht ein.

In traditioneller Weise gab der „Goj", der Nichtjude, das Feindbild ab, das Juden stets begleitete und ihre Identität entscheidend bestimmte. Der Antisemitismus war ohne Zweifel ein negativer, aber doch entscheidender Faktor zur Bildung jüdischer Identität. Daher findet man „den Goj" oder „den Christen" in nahezu allen Darstellungen jüdischer Identität von Ischmael bis in die Gegenwart hinein. Auch die beiden oben genannten Feindbilder stützten sich auf diesen übergreifenden Rahmen — sowohl „der Araber" als auch insbesondere „der Russe" waren bereits lange vor dem Beginn des Konfliktes im Nahen Osten pauschale Bilder. Doch in der allgemeinen Darstellung „des Goj" oder „des Antisemiten" erhielt das Bild „des Deutschen" — selbstverständlich infolge der Shoah — eine zentrale Position. „Der Deutsche" ist der moderne Amalek, den man nicht vergessen darf, auch wenn er nicht präsent ist und seine Verbrechen der Vergangenheit angehören. Es ist nur natürlich, daß das jüdische Volk, das während der Shoah ein Drittel seiner Bevölkerung verloren hat, den nationalsozialistischen Feind in Erinnerung behält und das Nazi-Image in seine Mythologie und sein kollektives Gedächtnis integriert. Doch dieses Bild ist nicht statisch: die Shoah wurde auch in Israel in paradoxaler Weise immer aktueller, je weiter man sich von ihr chronologisch entfernte. Dem gemäß wurde das nationalsozialistische Feindbild 50 Jahre nach Kriegsende nicht undeutlich und verschwommen, sondern eindeutiger, schärfer und beständiger. Mehr noch — und hier liegt die Crux der Sache: das Bild „des Nazis" und das Bild „der Deutschen" blieben augenscheinlich in hohem Maße auch nach dem Übergang des nationalsozialistischen Regimes in Deutschland trotz der von Ben-Gurion geprägten, sprachlichen Wendung vom „anderen Deutschland" identisch. Differenzierung und Prozeß der Mythologisierung der Geschichte passen nicht zueinander. Je mehr Zeit verstreicht und je mehr die junge Generation nicht aus eigener Erfahrung, sondern aufgrund der Vermittlung der Geschichte über den zweiten Weltkrieg lernt, desto leichter ist es — trotz des Tatsachenbefundes und trotz des Umstandes, daß der Begriff „Nazi" sich durch die Forschung als komplexer erwiesen hat, — „den Nazi" mit „dem Deutschen" zu identifizieren.

Das Bild des Deutschen prägte sich nicht nur infolge des natürlichen Mythologisierungsprozesses, nicht nur infolge seiner politischen und psychologischen Einsetzbarkeit oder infolge der Tatsache, daß die Shoah mehr denn je eine zentrale Rolle im israelischen Kollektivbewußtsein und bei der Definition einer israelischen (und allgemein jüdischen) Identität spielt, immer stärker aus, sondern auch infolge der Abblendung der beiden anderen Feindbilder der israelischen Gesellschaft in den letzten Jahren: der Untergang der Sowjetunion und die Öffnung der Nachfolgestaaten für eine Massenemigration von Juden nach Israel erschütterten die Basis dieses Feindbildes: antizionistische und antiisraelische Positionen prägen das heutige Osteuropa ebenso wenig wie Sozialismus. Auch das sich in der Folge ergebende Image hat sich entsprechend verschoben: wenn es heute um ein Feindbild in Osteuropa geht, dann stützt sich dieses Bild im wesentlichen auf das alte Image vom „antisemitischen Russen" und weniger auf das Image einer den Arabern freundlich, dem Westen aber feindlich gesonnenen Haltung der Sowjetunion. Dieser Feind — die Sowjetunion — und sein negatives Bild existiert für Israel und die israelische Bevölkerung ebenso wenig wie für die USA und Westeuropa.

Selbst das führende Feindbild der Araber hat im Laufe der Zeit in Israel an Prägnanz verloren. Nach dem Friedensvertrag mit Ägypten von 1979 traten hier zunächst die ersten Risse auf. Seit der Madrider Friedenskonferenz 1991 und insbesonderer seit dem Oslo-Abkommen 1993 wurde dann auch dieses Feindbild zunehmend erschüttert. Der Händedruck zwischen Rabin und Arafat hatte den gleichen Effekt wie ein Händedruck zwischen Haman und Mordechai, wenn es diesen denn gegeben hätte. Doch man darf das Maß dieses Effekts nicht zu hoch einschätzen: in der Gegenwart von 1994 stellten die Araber und hier besonders die militanten Palästinenser weiterhin eine wirkliche Bedrohung für die israelische Gesellschaft dar. In erster Linie ist es der Terror, der zur Aufrechterhaltung der Elemente eines bestehenden arabischen Feindbildes beiträgt, doch ist der hier einsetzende Rückgang erheblich. Da nun auch die israelische Gesellschaft, wie andere Gesellschaften, in weitem Maße mit Hilfe eines Feindbildes ihre Identität gestaltet, wandelt sich das Feindbild „Deutschland" allmählich infolge der oben skizzierten politischen Entwicklung zum Ersatz für die anderen, zerfallenden Feindbilder, wobei vorhandene Konturen eines Bildes zusätzlich verschärft werden.

Nur durch diesen Zusammenhang läßt sich die Bereitschaft erklären, auf Informationen über die gegenwärtigen Deutschen in heftiger Form zu reagieren, die nicht für die israelische Gesellschaft allein typisch ist (im Westen kommt es auf ähnlichem Hintergrund zu entsprechenden Reaktionen). Und gerade weil die Kluft zwischen dem Durchschnittsdeutschen der Gegenwart und der gegenwärtigen deutschen Israel-Politik einerseits und dem aufgrund historischer Informationen geformten Feindbild andrerseits so groß ist, ist die Einstellung gegenüber „dem Deutschen" im Spannungsfeld einer wahren Schizophrenie — Kooperation mit der deutschen Diplomatie und Wertschätzung der deutschen Wirtschaft bei gleichzeitigem Schrecken und Furcht vor allem, was mit dem deutschen Namen in Verbindung steht.

Ein hervorragendes Beispiel für diese Zusammenhänge ist die von dem Knessetmitglied Abraham Burg durchgeführte Umfrage zum Problem des Rechtsextremismus im Jahre 1993. Burg, der Vorsitzende des Erziehungsausschusses der Knesset, wollte klären, wie stark die israelische Gesellschaft vom Virus des Rechtsextremismus infiziert ist. Schlußfolgerung der von Burg in Auftrag gegebenen Studie war, daß die israelische Gesellschaft in diesem Sachzusammenhang anderen westlichen Gesellschaften relativ entspricht. Diese Schlußfolgerung an sich ist zwar kontrovers, hätte allein jedoch nicht den Sturm der Entrüstung auslösen müssen, der auf die Veröffentlichung der Studie erfolgte. Die Empörung in der israelischen Öffentlichkeit erhob sich in erster Linie deshalb, weil es in der Studie ausdrücklich heißt, die israelische Gesellschaft entspreche in dieser Hinsicht auch der deutschen Gesellschaft. Diese Äußerung war durch die Studie fundiert, doch da in der israelischen Gesellschaft das Adjektiv „deutsch" sich nicht nur auf das Deutschland der Gegenwart bezieht, sondern auch auf das nationalsozialistische Deutschland von gestern, verursachte diese Schlußfolgerung einen derartigen Sturm der Entrüstung. Für den durchschnittlichen Israeli geht es hier augenscheinlich nicht um die Dreierkonstellation „Deutscher – Nazi – Israeli", sondern um die Konfrontation der Pole „Deutscher=Nazi" und „Israeli". Inwieweit dieser durchschnittliche Israeli wirklich existiert oder in welchem Maß es sich hierbei eigentlich nur um den durchschnittlichen israelischen Journalisten oder Politiker handelt, ist im folgenden zu prüfen.

Die pauschale Definition resultiert aus verschiedenen Entwicklungsprozessen: die Differenzierung, um die die direkt betroffene Generation wußte, trat infolge der vermittelten Erziehung der Nachfolgegeneration zugunsten steter Verallgemeinerungen zurück. Die nicht immer offen ersichtliche Funktionalisierung der Shoah im Bereich der israelischen Innenpolitik wird erst schrittweise deutlich. Und darüber hinaus traten Ereignisse ein, die die Perspektive entscheidend veränderten. Die Vereinigung Deutschlands, der Golfkrieg und die Entwicklung im Nahen Osten wären hier als Ereignisse zu nennen, die ihren Eindruck auf dem sich ständig wandelnden Feindbild hinterlassen. Dies wird allein durch die bei der Zeitungslektüre hervorgerufenen Eindrücke[1] oder durch

---

[1]   David Witzthum, „Das Deutschlandbild in Israel — die Rolle der Medien" (hebr.), in: Moshe Zimmermann, Oded Heilbronner, „Normale Beziehungen" — Deutsch-israelische Beziehungen, Jerusalem 1993, 103–128.

die Betrachtung der Reaktionen, die sich infolge eines Ereignisses wie des Golfkrieges ergaben,[2] belegt. In systematischer Weise kann man diese Entwicklungen jedoch sehr schön durch öffentliche Meinungsumfragen verfolgen.

Das Zentrum für deutsche Geschichte an der Hebräischen Universität Jerusalem führt schon seit geraumer Zeit jährliche Umfragen und systematische Untersuchungen unter anderem zu folgenden zwei Fragen durch:[3]

a) Handelt es sich bei den Beziehungen zu Deutschland um normale Beziehungen? (unter Voraussetzung der Annahme, daß zwischen Staaten normale Beziehungen existieren können); und

b) inwieweit handelt es sich bei dem heutigen Deutschland um ein „anderes Deutschland"?

In den Antworten zu beiden Fragen wurde bis 1991 eine eindeutig positive Entwicklung sichtbar — seither ist es zu einer Richtungsänderung gekommen.

Für die Frage, ob es sich bei den Beziehung zu Deutschland um normale Beziehungen handelt, ergibt sich folgend Aufteilung der Antworten (in Prozent):

	1982	1990	1991	1992	1993	1994
Ja	31,3	62,5	51,9	56,8	58,1	58,2
Nein	30,0	21,8	35,9	33,5	25,4	24,6

---

[2] Moshe Zuckermann, Die Shoah im versiegelten Zimmer (hebr.), Tel Aviv 1993.

[3] Die Umfragen werden im Auftrag des Zentrums für Deutsche Geschichte vom Pori-Institut Tel Aviv durchgeführt.

Die Antworten auf die Frage, ob es ein „anderes Deutschland" gibt, verteilen sich folgendermaßen (in Prozent):

	1982	1990	1991	1992	1993	1994
Ja	64	63,6	55,7	52,2	50,3	57,2
Nein	13	23,1	34,5	38,4	34,4	30,8

Die Antworten auf die erste Frage zeigen, daß zwischen 1982 und 1990 die israelische Position zum deutschen Thema in zunehmendem Maße eine ausgewogene Position wurde, jedenfalls sofern es um die Beziehung zwischen Staaten geht. Der bedeutende Anstieg derjenigen, die sich nicht hinter der Angabe „weiß nicht" verstecken und der Meinung sind, es gebe sehr wohl normale Beziehungen, weist darauf hin, daß im Verlauf dieser Jahre die israelische Öffentlichkeit trotz der auch von deutscher Seite gegen die israelische Nahostpolitik vorgebrachten Kritik und der äußerst distanzierten Beziehungen zwischen den verschiedenen Likudregierungen und Deutschland bereit war, den westdeutschen Staat in hohem Maße als einen normalen Staat zu begreifen.

Anders verhält es sich in bezug auf die zweite Frage, die nicht nach zwischenstaatlichen Beziehungen, sondern nach dem Image des Deutschen bei der israelischen Bevölkerung fragt: zwar blieb der prozentuale Anteil derjenigen, die meinen, es gebe ein anderes Deutschland, stabil, doch der Anteil derjenigen, die der Überzeugung sind, Deutschland habe sich nicht verändert, stieg nahezu um das Doppelte.

In bezug auf das Image verhält es sich also so, als ob die zeitliche Distanz von den Ereignissen der Shoah nicht zu einer Differenzierung, sondern eher im Gegenteil zu einer Simplifizierung führt. Das Bild, das die Begriffe „nationalsozialistisch" und „deutsch" gleichsetzt, verstärkte sich im Verlauf der Jahre wohl aufgrund der Information und ihrer Darstellungsweise in den Medien und im Erziehungssystem gleichermaßen.

Auf jeden Fall wird für das Jahr 1991 eine deutliche Veränderung in den Antworten auf beide Fragen deutlich: selbst die Annahme normaler Beziehung wird fortan weniger unterstützt als vorher, ganz zu schweigen von der Aussage, Deutschland habe sich gegenüber der Zeit des Dritten Reiches verändert.

Die Erklärung für die Tendenzwende könnte oberflächlich betrachtet die Vereinigung der beiden deutschen Staaten im Jahre 1990 sein. Doch dieser Erklärung stehen die Reaktionen auf den eigentliche Prozeß der deutschen Vereinigung entgegen. Aus Antworten auf Fragen, die im Rahmen der Studie des Zentrums für deutsche Geschichte in den Monaten März und April 1990, also den eigentlichen Monaten der Vereinigung, vorgelegt wurden, ergibt sich, daß die Mehrheit des israelischen Bevölkerung der Vereinigung Deutschlands positiv oder gleichgültig gegenübersteht, während eine Minderheit der Befragten diese Vereinigung ablehnt oder sie mit entsprechenden Befürchtung wahrnimmt.

Auf die Frage „Sind Sie gegen eine Vereinigung Deutschlands" gaben 33,3 % der Befragten eine positive Antwort. Für eine Vereinigung sprachen sich 26,3 % aus, während 40,4 % keine Meinung hatten oder ihre Antwort von anderen Faktoren abhängig machten. Auf die Frage „Muß Israel sich gegen die Vereinigung Deutschlands aussprechen" antworteten 21,4 % der Befragten positiv. 27,3 % waren überzeugt, daß Israel sich nicht gegen die Vereinigung stellen solle, während 41,3 % der

Ansicht waren, Israel habe sich in diesem Zusammenhang der Meinung zu enthalten! Hieraus ergibt sich
deutlich, daß der Widerstand gegen die Vereinigung umso schwächer ist, je stärker das Denken „politisch" orientiert ist (d.h. sich auf das Verhalten des Staates bezieht,
selbst wenn dies im Gegensatz zum persönlichen Gefühl
steht). So oder so wird deutlich, daß zwei Drittel der israelischen Bevölkerung sich nicht gegen eine Vereinigung aussprachen oder der Meinung waren, der Staat Israel müsse sich nicht gegen die deutsche Vereinigung
stellen. Der Einwand, die positive Einstellung, die im
Verlauf der Vereinigung eingenommen wurde, habe sich
danach sicherlich verändert, kann durch eine von EM-
NID Ende 1991 durchgeführte Umfrage entkräftet werden, nach der die israelische Öffentlichkeit auf einer Skala von +5 bis -5 in bezug auf die deutschen Vereinigung
bei +0,3 zu lokalisieren ist. Hier wird also immer noch eine leicht positive Tendenz für die Vereinigung verzeich-
net.

Die Erklärung für die im Jahre 1991 eintretende Veränderung liegt im wesentlichen in den Ereignissen im
Zusammenhang mit dem Golfkrieg. In diesem Krieg
wurde Israel in eine absolute Position der Hilflosigkeit
gedrängt. Zudem brachte die Furcht vor dem Einsatz
von Gaswaffen, die Befürchtungen für die Zivilbevölke-
rung und die Unfähigkeit, die Israel isolierende Konstellation zu überwinden, die israelische Bevölkerung dazu,
aus der Vergangenheit die Shoah heraufzubeschwören
und sie zur Aktualität der Gegenwart werden zu lassen,
weil das Deutschland der Vergangenheit und der Gegenwart ihr in einer Situation der Orientierungslosigkeit als
Zuflucht des Zorns diente.

Außerdem hatten die Informationen über die Waffen-
lieferungen an den Irak, über die Hilfe bei der Entwick-

lung von chemischen Waffen und über die Tendenz der Friedensbewegung in Deutschland — auch wenn diese Informationen nicht immer genau und umfassend waren — einen heftigen Effekt, der entsprechend scharfe Reaktionen hervorrief. Die „Scheckbuchpolitik" Genschers und Konsorten änderte die Positionen und dominierenden Bilder in keiner Weise. Sie blieben antideutsch infolge der weitreichenden Identifikation von „deutsch" und „nationalsozialistisch".

Aus einer Umfrage, die die Anti-Defamation League im Verlauf des Krieges durchführte, ergab sich, daß 19 % erklärten, ihre Einstellung zu Deutschland habe sich durch den Krieg verschlechtert.

Es darf vermutet werden, daß unter den mehr als 40 %, die angaben, ihre schlechte Meinung von Deutschland sei während der Zeit des Krieges nur bestätigt worden, auch etliche Personen waren, deren Einstellung zu Deutschland erst infolge des Krieges negative Extreme angenommen hat.

Die Entwicklung ist eindeutig. Doch muß hier betont werden, daß selbst in dieser Phase keine geschlossen negative oder undifferenzierte Position bezogen wurde: zwischen historischer Erinnerung und „Realpolitik" schwankende Überlegungen charakterisierten die israelische Bevölkerung auch zu jener Zeit.

Die für die israelische Öffentlichkeit typische Dialektik — zwischen politisch-gegenwartsbezogener Einstellung und historisch-wertemäßig orientierten Positionen — wird in der zunehmenden Entwicklung in den positiven Antworten auf die Frage nach normalen Beziehungen (von rund 52 % im Jahre 1991 auf gut 58 % im Jahre 1994) im Vergleich zu der Kontinuität der sich verschlechternden Tendenz auf der Suche nach dem „alten Deutschland" deutlich: ein Rückgang unter den nahezu zwei Dritteln derjenigen, die überzeugt sind, „es gibt ein anderes Deutschland", auf nur die Hälfte im Jahre 1993. Doch die gleiche Dialektik, die gleiche Spannung findet sich auch in den Antworten auf andere Fragen: auf die Frage, ob die deutsche Nahostpolitik gut oder schlecht sei, antworteten Ende 1991 32 % der Befragten, die Politik sei positiv, während nur 21 % die deutsche Nahostpolitik für negativ hielten. Die Waage schlägt also immer noch positiv aus, solange es um die Analyse der offiziellen Politik geht.

Doch der hervorstechendste Ausdruck für diese gespaltene Seele ist die Position, die die Deutschen auf der Sympathieskala im Vergleich zu anderen Staaten einnehmen. Die von der Anti-Defamation League während des Golfkrieges durchgeführte Umfrage wies den Deutschen einen Platz in den unteren Bereichen der Sympathietabelle zu, die natürlich von den Vereinigten Staaten und Holland angeführt wurde. Die von EMNID während jenes Jahres durchgeführte Umfrage bestätigte dieses Ergebnis: Deutsche und Palästinenser standen auf der Position -1.6 auf der von -5 bis +5 reichenden Skala.

Kein Zweifel, daß bei einer derartig angelegten Frage, die sich auf den Stereotyp bezieht und nicht mit der aktuellen Politik in Verbindung steht, der Ort der — nationalsozialistischen — Vergangenheit und ihre Identifikation mit der kontinuierlichen, vielleicht ewigen, Verwurzelung im deutschen Wesen in ganz entscheidenden Weise zum Ausdruck kommt.

Doch auch wenn es um die emotionale oder wertmäßige Einstellung zum allgemeinen Begriff „deutsch" geht, dürfen die Unterschiede, die im Laufe der Zeit entstanden sind, nicht der Aufmerksamkeit entgehen: auf die in der Umfrage des Zentrums für deutsche Geschichte vorgelegte Frage, ob alle Deutschen für die Verbrechen der Vergangenheit schuldig seien, antwortete die israelische Bevölkerung, folgendermaßen:

	1982	1990
alle sind schuldig	8,5	9,7
nicht alle	40,6	57,4
nur die Älteren	42,8	28,9

Im Verlauf der Zeit besteht demnach weniger Notwendigkeit, die Aufmerksamkeit auf das Alter der Deutschen zu lenken, und die Neigung, die Verbrechen nicht mit allen Deutschen zu identifizieren, ist zunehmend ausschlaggebend. Der leichte Anstieg des Anteils derjenigen, die die Schuld allen Deutschen zuweisen, erklärt sich durch die allgemeine Tendenz und die bereits oben genannte Mythologisierung.

Als im Jahre 1991 die Frage von EMNID in der leicht veränderten Form „Sind Sie für eine Versöhnung mit den Deutschen?" gestellt wurde, antworteten 22 % absolut negativ, während 27 % ihre Antwort von dem Alter abhängig machten (d.h. „nicht mit denjenigen, die vor 1926 geboren wurden") und 42 % sich für eine Versöhnung ohne jede Einschränkung aussprachen. Möglicherweise hat die Formulierung der Frage eine unterschiedliche Relation zwischen den Antworten verursacht, doch auch hier hat der Golfkrieg wahrscheinlich seinen Eindruck hinterlassen und den prozentualen Anteil derjenigen, die alle Deutschen als schuldig betrachten bzw. sich gegen eine Versöhnung aussprechen, von einem Zehntel auf ein Fünftel angehoben.

Noch einmal sei jedoch gesagt — es handelt sich hier nicht um eine pauschale negative Position der israelischen Bevölkerung, auch wenn hier eine parallel zu der ansteigend negativen Tendenz, die man unter den Antworten auf andere Fragen findet, verlaufene Tendenz sichtbar wird.

Verwunderung könnte der Umstand hervorrufen, daß die relativ starke Veränderung in den 1991 gegebenen Antwortmustern kurz nach dem Krieg nicht allmählich an Konturen verliert. Hat der Golfkrieg etwa einen derartig starken Eindruck auf die Gesellschaft hinterlassen? Eine positive Antwort auf diese Frage als Erklärung enthält sicherlich mehr als ein Körnchen Wahrheit. Die israelische Gesellschaft durchlief hier zweifellos ein Trauma. Auch wenn diese Frage wenig intensiv in der Öffentlichkeit diskutiert wird, so wird indirekt doch immer wieder deutlich, wie stark der Eindruck, den dieses Trauma hinterlassen hat, wirklich ist. Ohne das Trauma des Golfkrieges wären die Israelis zweifellos ebenso wenig wie die Palästinenser bereit gewesen, die bilateralen Verhandlungen — von der Madrider Friedenskonferenz 1991 bis zur Unterzeichnung des Prinzipienabkommens zwischen Rabin und Arafat zwei Jahre später — aufzunehmen. Dieses Trauma hat anscheinend seinen tiefen Eindruck auch im Kontext der Beziehungen zu den Deutschen hinterlassen, ganz besonders angesichts der Tatsache, daß die „Feindbilder", einschließlich des Feindbildes der Araber, während dieser Epoche sich gleichzeitig so außerordentlich schnell wandelten.

Natürlich kann man entgegen diesen Begründungen auch behaupten, die Ereignisse im Zusammenhang mit den Gewalttaten gegen Fremde in Deutschland — angefangen bei den Tagen von Hoyerswerda Ende 1991 bis hin zu den Brandstiftungen in Rostock im August 1992, in Mölln im November 1992 und in Solingen im Mai 1993 — seien es gewesen, die die antideutsche Position hervorgerufen hätten. Diese Argumentation hat durchaus eine hohe Überzeugungskraft, doch muß auch sie *cum grano salis* genossen werden. Zunächst zeigt die Tendenz in der Umfrage von 1994 bezüglich der Frage nach dem „anderen Deutschland", daß die israelische Öffentlichkeit nicht durch den Umstand beeinflußt wird, daß der Rechtsradikalismus in Deutschland nichts von seiner Aggressivität verloren hat. Wenn der Fremdenhaß in Deutschland bei der Meinungsbildung in Israel eine derartig wichtig Rolle spielte, dann hätte sich die Tendenz — nach der Veränderung des deutschen Asylgesetzes und nach verschiedenen Ereignissen auf dieser Ebene (einschließlich des Brandanschlags auf die Synagoge in Lübeck im Februar 1994, kurz vor der Umfrage) — nicht verändern dürfen.

Und auch das Gegenteil ist der Fall: die massiven Protestkundgebungen in Deutschland — die Lichterketten Ende 1992 — beeinflußten die Antworten auf die Frage nach dem „anderen Deutschland" in der Umfrage von 1993 nur wenig. In diesem Zusammenhang ist es wichtig, folgendes anzumerken: auch die Einstellung zu den Gewalttaten der extremen deutschen Rechten basiert nicht auf dem wesentlichen Kern der zugänglichen Information — d.h. Übergriffe auf Fremde und Ausländer allgemein, sondern auf einer selektiven Information, deren Höhepunkt die Darstellung der Ereignisse in Deutschland durch das israelische Fernsehen im November 1992 in einer Form war, durch die die Ereignisse zu antisemitischen Ausfällen und der Leugnung der Shoah uminterpretiert wurden. Die Empörung, die sich nach der Ausstrahlung eines völlig aus seinem Kontext gerissenen Beitrags des Deutschen Fernsehens über die Auschwitzerinnerung auf israelischer Seite erhob, kam auch von Regierungsmitgliedern und trug zur Verschärfung der negativen Position Deutschland gegenüber durch die eindeutige Identifizierung des „Feindbildes" bei — der heutige Deutsche und der damalige Nazi gegenüber dem alten Opfer — dem Juden. Die Bereitschaft einerseits zu glauben, Juden in Deutschland packen wieder ihre Koffer, und andererseits die überhebliche und negative Einstellung der israelischen Juden gegenüber eben jenen deutschen Juden[4] war ein Ausdruck für die große Bedeutung des Mythos in bezug auf derartige Ereignisse.

Wie stark das Gleichgewicht zwischen der Information und den bezogenen Meinungspositionen gestört ist, zeigen auch die Antworten auf die vom Zentrum für deutsche Geschichte der Hebräischen Universität 1994 gestellte Frage „Wer sind die wesentlichen Zielgruppen der neo-nazistischen Gewalttaten in Deutschland?" 66 % der Befragten antworteten korrekt, daß die „Fremden" die wesentliche Zielgruppe derartiger Gewalttaten sind. Rund 29 % der Befragten vertraten die Überzeugung, die Linken seien Ziel der Rechtsradikalen. Einerseits wird hier deutlich, daß infolge der Form der Informationsdarbietung und der Stellung des Antisemitismus im israelischen Selbstbewußtsein die Position, die Juden als Objekt derartiger rechtsradikaler Angriffe zugewiesen wird, stark überhöht ist. Andererseits ist zu bemerken, daß die israelische Öffentlichkeit — es handelt sich um eine für die jüdische Bevölkerung Israels repräsentative Umfrage — wohl weniger zu einer pauschal negativen Sichtweise neigt als Teile des Erziehungssystems und der Medien, die beide die Öffentlichkeit zu einer entsprechenden Sicht verleiten wollen.

---

[4] Dan Margalit, Ha-Aretz, 15. 11. 1992.

Um zu illustrieren, wie stark es der historische Mythos im Vergleich zur historischen Information ist, der eigentlich die öffentliche Meinung bestimmt, wurde 1993 die Frage gestellt: Ist Österreich für die Taten des Dritten Reiches ebenso verantwortlich wie Deutschland? Aufgrund der Kenntnis, daß zwischen 1938 und 1945 Österreich Teil des Dritten Reiches war und der Anschluß ans Reich mit gewaltiger Zustimmung der einheimischen Bevölkerung erfolgte, wäre zu erwarten gewesen, daß auf diese Frage in massiver Weise eine positive Antwort gegeben wird. Doch es stellte sich heraus, daß nicht nur in Österreich selbst, sondern auch in Israel die von Stalin formulierte These von Österreich als dem „ersten Opfer des deutschen Faschismus" weitgehend akzeptiert wird. Nur 55 % der Befragten waren der Meinung, Österreich und Deutschland seien in bezug auf die historischen Verantwortung als gleichwertig zu betrachten. 21,7 % der Befragten hatten keine Meinung — ein Umstand, der selbst nicht verwundert —, und rund ein Viertel meinten, was für Deutschland zutreffe gelte nicht für Österreich. Angesichts des Schüttelfrostes, der einen bei der Nennung der Namen Hitler, Eichmann und Kaltenbrunner überfällt, handelt es sich wohl um ein äußerst tolerantes Viertel der Bevölkerung oder um ein ziemlich ignorantes. Doch die öffentliche Meinung bildet sich 50 Jahre nach den Ereignissen eben eher aufgrund von Mythen als infolge der systematischen Vertrautheit mit den historischen Details.

Eine Analyse der israelischen Positionen bliebe unvollständig, wenn man nicht über die Betrachtung der Öffentlichkeit insgesamt hinaus versuchte, die Unterschiede zwischen den verschiedenen Sektoren der Gesellschaft in dieser Sachfrage zu beleuchten. Es ist nicht verwunderlich, daß Bildungsunterschiede die Standpunkte zum diskutierten Thema beeinflussen: ein höherer Bildungsgrad bedeutete bei den meisten Fragen eine stärker von den üblichen Klischees abweichende Antwort und Meinung. Überraschender ist, daß Altersunterschiede sich weniger deutlich in den Antworten abzeichnen: zwar ist eine Tendenz zu zunehmender Toleranz bei abnehmendem Alter zu verzeichnen, doch wird ohne Zweifel bei der jüngeren Altersgruppe die Tendenz einer Richtungsänderung der Grafik deutlich: dies ist ein Ergebnis der Simplifizierung und Mythologisierung, denen die Schüler in der Phase der Meinungsbildung besonders in den letzten Jahren ausgesetzt sind. Äußerst überraschend wird auf der gesamten Linie deutlich, daß die unterschiedlichen Faktoren, die erwartungsgemäß die Meinungsbildung prägen sollten — Herkunftsland (Juden orientalischer Herkunft gegenüber Juden europäischer Herkunft) und persönliche Erfahrung (wer die Shoah selbst miterlebt hat und wer nicht) — nahezu ohne Einfluß bleiben, während die politischen Unterschiede, insbesondere jedoch die Unterschiede in der Einstellung zur jüdischen Religion, letztlich die entscheidenden und bestimmenden Faktoren sind. Es ist eine Leistung des Sozialisationssystems in Israel, daß es letztlich sehr wohl erfolgreich die Erfahrung der Shoah zu einer die Gesellschaft einigenden Kollektiverfahrung machen konnte, an der Juden aller Glaubensrichtungen teilhaben und in deren Folge die Unterschiede zwischen den einzelnen Bevölkerungssektoren in ihrer Einstellung zu Deutschland undeutlich werden.

Natürlich beeinflußt diese politische Orientierung auch den im vorliegenden Zusammenhang behandelten Bereich. Ebenso natürlich ist der Umstand, daß die Positionen zum deutschen Thema (unter anderem) auch die Wahl des politischen Blocks beeinflussen. Die Rechte ist in allen Fragen in bezug auf Deutschland wesentlich kritischer als die Linke. Selbst in der Einstellung zu bestimmten deutschen Politikern (Kanzler Kohl, der ehemalige Bundespräsident von Weizsäcker oder der ehemalige, der israelischen Bevölkerung nahezu unbekannte Oppositionsführer Engholm) gibt es erhebliche Unterschiede zwischen der Linken und Rechten in Israel, wobei die Rechte natürlich negativer in ihrer Einschätzung ist.

Doch wenn es einen Unterschied gibt, der von vornherein nicht hätte entscheidend sein sollen — dann ist dies der Unterschied zwischen Religiösen und Nichtreligiösen in Israel. Ganz deutlich wird, daß die Zuordnung bestimmter Bevölkerungsgruppen zu der Kategorie „religiös" oder „orthodox" sie auch der Kategorie derjenigen zuordnet, die sich von allem, was an Deutschland erinnert, distanzieren. Diese Beobachtung ist sowohl in bezug auf politische Fragen als auch bezüglich der deutschen Außenpolitik gegenüber Israel zutreffend, ganz sicher jedoch gilt sie bei Fragen der Bewertung. Zum Beispiel wären 56 % der israelischen Linken bereit, auf die Frage nach der Versöhnungsbereitschaft mit Deutschen eine positive Antwort zu geben. Dies traf auf nur 36 % der sich im rechten Spektrum einordnenden Bevölkerung und nur auf 19 % der religiösen Bevölkerung zu.

Die religiöse Einstellung bestimmt also in viel stärkerem Maße die Positionen als die politische Zugehörigkeit selbst. Kein Zweifel, daß im immer stärker zur Orthodoxie tendierenden Entwicklungsprozeß Israels die jüdische Orthodoxie sich erfolgreich sowohl von dem Schlag, den ihr der säkulare Zionismus versetzt hatte, als auch von dem Schlag, der durch das Dritte Reich über die religiösen Bevölkerungsanteile des europäischen Judentums hereingebrochen war, ausreichend erholen konnte, um ein System von Erklärungen und Rechtfertigungen zu entwickeln, die die Shoah neben die für die jüdische Religiosität überzeugenden Erklärungen stellen. Innerhalb dieses Prozesses der zunehmenden Dominanz der Orthodoxie über die Erinnerungsverwaltung der Shoah wird auch die extremere Position gegenüber den Deutschen bestimmt, schwankend zwischen nationalsozialistischer Vergangenheit und republikanischer Gegenwart. Der Orthodoxie fällt die Gleichsetzung Deutscher=Nazi=Amalek leichter als allen anderen Bevölkerungsteilen, um die Shoah und Deutschland in einem nur zu gut bekannten Kontext zu lokalisieren, dessen wertemäßige Einordnung klar und eindeutig ist.

Darüber hinaus zeigt die eingehende Betrachtung der Zahlen jedoch, daß die Gleichsetzung Deutscher=Amalek nicht so stark unter der allgemeinen Öffentlichkeit verbreitet ist, wie sich vielleicht aus der Lektüre der Zeitungen oder den Reden der Öffentlichkeitsvertreter ergeben könnte.

Die Schizophrenie zwischen der Wertschätzung für das moderne Deutschland (Aschkenas) der Gegenwart und seiner Politik gegenüber Israel und zwischen dem Haß auf Amalek des Zweiten Weltkrieges nimmt weiterhin zu. Dabei geht es um ein und dasselbe Deutschland. Gerade die zeitliche Distanz zum Krieg und die Veränderung im Kräfteverhältnis in Israel führten zu einer Verstärkung dieser Schizophrenie, die angesichts der Tatsache, daß beide Aspekte jeweils einem anderen Bedürfnis entsprechen, von hohem Nutzen ist: zum einem zur Anpassung Israels an die neue Position Deutschlands in Europa, zum anderen zur Bewahrung der historischen Verankerung der Shoah im Bewußtsein der israelischen Gesellschaft. Während Deutschland eine zunehmend dominierende Rolle in Europa übernimmt und die Einstellung der deutschen Öffentlichkeit im Hinblick auf Israel sich allmählich „normalisiert",[5] kann Israel es sich nicht leisten, nur das historische Feindbild der Vergangenheit zu pflegen, ohne an seine Seite das Bild des Partners oder des Patrons der Gegenwart zu stellen.

[5] Eine von Ron Prosor im Rahmen seiner Magisterarbeit am Koebner-Zentrum für deutsche Geschichte der Hebräischen Universität Jerusalem durchgeführte Umfrage zeigt, daß selbst zwei Drittel der Jugendlichen in Ostdeutschland der Meinung sind, die Beziehungen zwischen Deutschland und Israel müßten normale Beziehungen sein. Waren sie in der Vergangenheit schlecht, so meinen die Jugendlichen, dann lag das in erster Linie daran, daß Israel ein Teil des amerikanischen Systems im Kalten Krieg war.

Die Autoren

Alexander, Dr. Neville, geb. 1936 in Cradock, Südafrika
Germanist und Historiker. Forschungsstipendiat der Alexander von Humboldt-Stiftung 1958–61 und 1977–79 (Universität Tübingen, Prof. Beissner und Universität Hannover, Prof. Bley). Wissenschaftlicher Mitarbeiter an der Universität Kapstadt (Erziehungswissenschaften). War wegen seines politischen Engagements viele Jahre auf der Gefangeneninsel Robben Island inhaftiert und studierte während seiner Gefangenschaft an der Fernuniversität Südafrika Geschichte. Veröffentlichte mehrere Beiträge zu aktuellen politischen Fragen in deutschen überregionalen Zeitungen (Die Zeit, Frankfurter Rundschau).

Fall, Frau Prof. Dr. Khadidiatou, geb. 1948 in Dakar, Senegal
Assist. Prof. für Germanistik und Komparatistik an der Universität Dakar. Mitglied des Germanistenverbandes Senegal. Forschungsstipendiatin der Alexander von Humboldt-Stiftung 1992–94 (Universität Hannover, Prof. Kreutzer).

Franges, Dr. Ivo, geb. 1920 in Triest, Italien
Professor für Südslawistik an der Universität Zagreb. Forschungspreisträger für ausländische Geisteswissenschaftler der Alexander von Humboldt-Stiftung 1993–94 (Universität Bonn, Prof. Rothe und Universität Göttingen, Prof. Lauer).

Grondin, Prof. Dr. Jean, geb. 1955 in Cap-de-la-Madeleine, Provinz Quebec, Kanada
Professor für Philosophie an der Universität Montreal. Studium und Promotion an der Universität Tübingen. Forschungsstipendiat der Alexander von Humboldt-Stiftung 1988–89 und 1995–96 (Universität Bonn, Prof. Simon und Universität Tübingen, Prof. Wiehl). Teilnahme an den Fachsymposien der Humboldt-Stiftung 1989 Bonn „Heidegger" und 1991 Sonthofen „Übersetzen".

Huneeus, Prof. Dr. Carlos, geb. 1947 in Santiago de Chile
Professor für Politikwissenschaft an der Katholischen Universität Santiago. Forschungsstipendiat der Alexander von Humboldt-Stiftung 1987–89 und 1994–95 (Universität Heidelberg, Prof. Nohlen). Botschafter von Chile in Bonn 1990–1994.

Ionin, Prof. Dr. Leonid, geb. 1945 in Omsk, Rußland
Professor für Soziologie und Geschichte der Philosophie an der Russischen Akademie der Wissenschaften, Moskau. Forschungsstipendiat der Alexander von Humboldt-Stiftung 1982–83, 1990 und 1991–92 (Universität Bielefeld, Prof. Grathoff und Universität Bremen, Prof. Eichwede).

Lønning, Prof. Dr. Inge, geb. 1938 in Bergen, Norwegen
Professor für Theologie an der Universität Oslo. Forschungsstipendiat der Alexander von Humboldt-Stiftung 1967 (Universität Tübingen, Prof. Käsemann). Präsident des norwegischen Forschungsrates 1982–84. Rektor der Universität Oslo 1985–93. Vorsitzender des Rates der Norwegischen Universitäten 1989.

Mainberger, Dr. Gonsalv K., geb. 1924 in St. Gallen, Schweiz
Scholastisch ausgebildeter Theologe und Philosoph. Gastdozent an verschiedenen deutschen und schweizerischen Hochschulen. Forschungsstipendiat der Alexander von Humboldt-Stiftung 1967–68 und 1981–82 (Universität Köln, Prof. Volkmann-Schluck, Universität München, Prof. Spaemann). Aufenthalt an der Universität Jena auf Einladung der Humboldt-Stiftung 1992. Zahlreiche Veröffentlichungen zu Themen der Philosophie und Aufsätze zu Erfahrungen in den neuen Ländern der Bundesrepublik Deutschland.

Mehigan, Dr. Timothy J., geb. 1960 in Taree, Australien
Germanist (Universität Melbourne). Forschungsstipendiat der Alexander von Humboldt-Stiftung 1993–1995 (Universität München, Prof. Neumann).

Mishima, Prof. Dr. Kenichi, geb. 1942 in Tokyo, Japan
Professor für Philosophie an der Universität Osaka. Forschungsstipendiat der Alexander von Humboldt-Stiftung 1978-1980 (Universität Bonn, Prof. Schmidt, Wissenschaftskolleg, Berlin, Prof. Lepenies). Teilnahme an den Fachsymposien der Humboldt-Stiftung 1980 Ludwigsburg „Erzählforschung", 1984 Ludwigsburg „Frankfurter Schule", 1989 Bonn „Heidegger".

Naimark, Prof. Dr. Norman, geb. 1944 in Suffern, NY, USA
Professor für Geschichtswissenschaft (Geschichte Osteuropas) an der Stanford University, USA. Forschungsstipendiat der Alexan-

der von Humboldt-Stiftung 1977–78, 1980–81 und 1991 (FU Berlin, Prof. Löwenthal, Prof. Torke, Dr. Zimmermann).

Orlowski, Prof. Dr. Hubert, geb. 1937 in Podlejki, Polen
Professor für neuere deutsche Literaturwissenschaft an der Adam-Mickiewicz-Universität Poznan. Forschungsstipendiat der Alexander von Humboldt-Stiftung 1975–1978, 1979–80, 1989 und 1991, Forschungspreisträger 1994–95 (Universität Frankfurt, Prof. Altenhofer, Deutsche Bibliothek Frankfurt, Dr. Berthold, Schiller-Nationalmuseum Prof. Zeller, FU Berlin, Prof. Schütz, Universität Hannover, Prof. Heinemann). Teilnahme an den Fachsymposien der Humboldt-Stiftung 1980 Ludwigsburg „Erzählforschung", 1991 Sonthofen „Übersetzen".

Sagnol, Dr. Marc, geb. 1956 in Lyon, Frankreich
Fachgebiet: Philosophie; z.Zt. tätig an der École des Hautes Études en Sciences Sociales, Institut Français, Dresden. Forschungsstipendiat der Alexander von Humboldt-Stiftung 1990 (Wissenschaftskolleg Berlin, Prof. Lepenies und Universität Frankfurt, Prof. Angehrn).

Shenhar, Frau Prof. Dr. Aliza, geb. 1943 in Tiberias, Israel
Fachgebiet: Volkskunde. Rektorin der Haifa-Universität 1991–94. Forschungsstipendiatin der Alexander von Humboldt-Stiftung 1987–88 (Universität Göttingen, Prof. Brednich). Z.Zt. Botschafterin des Staates Israel in Moskau.

Zhang, Prof. Yushu, geb. 1934 in Shanghai, China
Professor für Literaturwissenschaft/Komparatistik an der Universität Beijing. Forschungsstipendiat der Alexander von Humboldt-Stiftung 1983–86 und 1990–91 (Universität Bonn, Prof. Koppen und Universität Bayreuth, Prof. Wierlacher). Teilnahme am Fachsymposium der Humboldt-Stiftung 1984 Ludwigsburg „Frankfurter Schule".

Zimmermann, Prof. Dr. Moshe I., geb. 1943 in Jerusalem, Israel
Professor für deutsche Geschichte an der Universtität Jerusalem. Forschungspreisträger der Alexander von Humboldt-Stiftung 1993–94 (Universität Köln, Prof. Schieder).